MICHAEL ANGELE
*Der letzte Zeitungsleser*

# MICHAEL ANGELE

*Der letzte Zeitungsleser*

Galiani Berlin

»Ich sitze im Sacher, esse eine
Wurst und lese die Zeitungen.
Da schaue ich hoch und
gerate regelrecht in Furcht (...),
gegenüber sitzt der Thomas
Bernhard und isst auch eine Wurst
und liest die Zeitung.«

*Udo Jürgens im Gespräch
mit Alexander Gorkow*

Bis heute ist Thomas Bernhard für mich der ideale Zeitungsleser. Damit meine ich nicht nur, dass sich einer in ein Café setzt, nur um eine Zeitung zu lesen, egal, ob dieses Café nun in Wien oder in Gmunden steht. Damit meine ich auch, dass er dieses Café gleich wieder verlässt, wenn er darin nicht die Zeitung finden kann, die er lesen will.

Das Zeitungslesen in Thomas Bernhards Leben und Werk ist leider schlecht erforscht, aber es genügt ja erst einmal, ihn selbst zu lesen. Man erfährt dann, dass er schon früh einen existenziellen Bezug zur Zeitung hatte.

Wenn man seiner Schilderung Glauben schenken darf, erfuhr Bernhard als junger Mann vom Tod seiner Mutter aus der *Salzburger Zeitung*. Allerdings hatte die *Salz-*

*burger Zeitung* den Namen der Mutter falsch geschrieben, statt Hertha Fabjan stand da Hertha Pavian.* Als Thomas Bernhard dieser Fehler ein paar Tage später beim Begräbnis durch den Kopf ging, wurde er von einem so heftigen Lachkrampf erfasst, dass er den Friedhof verlassen musste. Die Welt war für ihn tragisch und komisch, sie war beides zugleich, und das meiste, was er von dieser Welt wusste, hatte er, natürlich, aus der Zeitung.

Thomas Bernhard scheint mir deshalb ein idealer Zeitungsleser, weil er eine Zeitung nicht einfach gelesen hat, um sich zu »informie-

---

* So kolportiert es Bernhard in der autobiographischen Schrift *Die Kälte*. Es stimmt allerdings gar nicht. Der Bernhard-Forscher Manfred Mittermayer hat nachgeschaut; zwar wurde der Name falsch geschrieben, aber tatsächlich stand in der Todesanzeige nicht »Pavian«, sondern »Pabjan«.

ren«, das natürlich auch, sondern weil er sie auch las, um sich zu wundern, sich anzuregen, sich aufzuregen (das vor allem).

Wie sehr Bernhard dem Zeitungslesen verfallen war, erfährt, wer die Aufzeichnungen seines Nachbarn in Ohlsdorf liest. Ein Jahr lang hatte der Immobilienmakler und Ferkelhändler Karl Ignaz Hennetmair seine fast täglichen Begegnungen, Besuche, Autofahrten, Spaziergänge mit Bernhard protokolliert. Unter dem Titel *Ein Jahr mit Thomas Bernhard* sind sie als Buch erschienen. Zu den Hauptaufgaben des Nachbarn gehörte es, Bernhard mit Zeitungen zu versorgen, sieben las er täglich, und man könnte einen durchschnittlichen Bernhard-Tag im Jahr 1972 so beschreiben: vormittags Zeitungslesen, nachmittags spazieren, abends fernsehen.

Man fragt sich, wann Bernhard überhaupt einmal ein Buch las.

Die berühmteste Stelle über seine Zeitungssucht findet sich in *Wittgensteins Neffe,* diesem wunderbaren autobiographischen Text aus dem Jahr 1982. Als Bernhard während der Salzburger Festspiele dringend einen Artikel in der *Neuen Zürcher Zeitung* lesen wollte, fuhr er von seinem Wohnort Ohlsdorf achtzig Kilometer nach Salzburg, von Salzburg weiter nach Bad Reichenhall, dann nach Bad Hall und von Bad Hall nach Steyr. Am Schluss war er auf der Suche nach einer *Neuen Zürcher Zeitung* durch ganz Oberösterreich gefahren. Und auch wenn sich bestimmt nur wenige seiner Leser an die einzelnen Stationen der Suche erinnern können, so ist doch bei vielen der Satz haften geblieben, dass ein »Geistesmensch nicht an einem Ort existieren kann, in dem er die *Neue Zürcher Zeitung* nicht bekommt«.

Heute kann man die *NZZ* praktisch überall bekommen, zur Not digital. Heißt das, dass ein Geistesmensch heute praktisch überall existieren kann? Oder heißt es gerade umgekehrt, dass es keine Geistesmenschen mehr gibt, weil sich Geist nur dort bilden kann, wo Mangel, Abwesenheit und Aufschub ist? Ich würde für Letzteres plädieren, stünde mir nicht meine Angst vor einem billigen Kulturpessimismus im Weg.

Immerhin, um jene *NZZ* zu lesen, nach der Thomas Bernhard damals so verzweifelt gesucht hatte, musste ich selbst eine kleine Reise unternehmen, wenn auch nur zum Berliner Westhafen ins Zeitungsarchiv. Da Bernhard in *Wittgensteins Neffe* den Artikel, nach dem er gesucht hatte, nannte – eine Kritik der Aufführung von Mozarts *Zaide* in Salzburg –, fand ich die Ausgabe: Es ist die vom 30. August 1968.

Beim Blättern am Folianten blieb ich zuerst an den Vermischten Nachrichten hängen. Aus einem Flugzeug wurden Diamanten geraubt, als es in Beirut zwischenlandete. Auf einem unbewachten Bahnübergang in Martigny fuhr ein Lastwagen in einen Zug, wie durch ein Wunder gab es nur einen Leichtverletzten, der Sachschaden war hingegen beträchtlich. Die anderen Unfälle, die in der Zeitung stehen, endeten tödlich. Wer 1968 eine Zeitung liest, lebt nicht nur im Bewusstsein von Vietnamkrieg und Studentenunruhen, er weiß auch um die große Gefahr des Straßenverkehrs.

Der Vietnamkrieg ist in dieser Ausgabe allerdings nur eine Marginalie: Die Delegierten des 19. Pariser Vietnamgesprächs sind der Hotels überdrüssig und suchen nach Wohnungen. In Norditalien sind die Studenten aus den Sommerferien zurück und haben nichts Besseres zu tun, als ihre Demonstrationen fortzusetzen. Der Korrespondent der *NZZ* regt sich auf, und ich frage mich, ob Thomas Bernhard diesen Artikel auch gelesen hat und sich über den Korrespondenten aufgeregt hat, der sich hier aufregt. Zeitungslesen als Erregungskunst.

Präsent ist die Invasion der Sowjets in der Tschechoslowakei, die ein paar Tage alt ist. Vielleicht ein

Dutzend Beiträge versuchen, die Lage zu beschreiben. Im Sport findet der junge Eddy Merckx Erwähnung, und Leeds United ist Tabellenführer in der Premier League. Die Wetterprognosen sind schlecht, und was macht man an einem verregneten Wochenende? Man geht ins Kino und schaut. Die Frage ist: was?

Im Sommer 1968 könnte das ein Italowestern sein, im Roxy läuft einer. Oder hier *Die Liebe einer Blondine*, klingt wie ein Sexfilm, ist aber der neue Miloš Forman.

Aber jetzt zum Feuilleton. Das Feuilleton befand sich damals noch weit vorne in der *NZZ*. Ein Gedicht springt ins Auge. Es ist aus dem Tschechischen übertragen. Man will es vor der sowjetischen Invasion allegorisch lesen: »Ein kleines Volk im Meer des Feindes« usf.

Zu platt, fand bestimmt auch Thomas Bernhard, der damals gerade aufgehört hatte, Lyrik zu schreiben. Vielleicht vertiefte er sich in einen Artikel über die Briefe und Tagebücher des Journalisten Harold Nicolson. Nicolson muss ein großer Snob gewesen sein, warum sonst sollte der halbe Artikel daraus bestehen, ihn vom angeblich unbegründeten Vorwurf des Snobismus freizusprechen?

Aber natürlich hat Thomas Bernhard zuerst den Bericht von den Salzburger Festspielen gelesen, deshalb wollte er ja unbedingt die *NZZ* haben. *Zaide* ist ein Opern-Fragment, das nur selten gespielt wurde. Der Artikel ist detailkundig, jede einzelne der seltenen Aufführungen wird notiert. »Nach der Uraufführung der André'schen Ausgabe in Frankfurt (1866) nur in Wien,

Mannheim, Karlsruhe, Schwetzingen und nochmals in Wien.« Interessant. Und doch: Dafür sollte nun Bernhard 350 Kilometer weit gefahren sein? Zeitungsleser haben Marotten.

1968 war ich vier Jahre alt. Thomas Bernhard habe ich natürlich erst viel später entdeckt, und auch das Zeitungslesen in den Cafés, wie er es vorgelebt hat. Aber ich lese bis heute gerne die Zeitung in einem Café, auch wenn wir Zeitungsleser in den meisten dieser Cafés nun eine Minderheit bilden, wenn es nicht gerade ein Café ist, das in Charlottenburg liegt und von sogenannten Altachtundsechzigern frequentiert wird. Jetzt zum Beispiel sitze ich im *Kant-Café* in der Kantstraße, es ist nicht wirklich alt, kein Wiener Kaffeehaus, aber es hat in den gelbbraunen Wänden, Stühlen und Tischen doch den Zigarettenrauch von vielen Jahren konserviert, sogar das große Fenster zur Straße, obwohl frisch geputzt, scheint sich an seine Raucher zu erinnern, die es nun nicht mehr gibt.

Einen Zeitungsständer gibt es im *Kant-Café* dagegen noch, eine *taz* liegt darin und eine *Morgenpost*, und eben in diesem Augenblick, es ist wahr, tritt eine Frau an meinen Tisch und fragt, ob sie die *Süddeutsche* haben kann, die neben meinem Laptop liegt.

Die Frau ist vielleicht sechzig Jahre alt, ihre Haare sind hennarot gefärbt, die Stimme rauchig, das Gesicht verlebt, wilde Träume. Ich gebe ihr die *Süddeutsche* gerne.

Später sitzen ein älterer Mann und eine ältere Frau in einer Ecke. Sie unterhalten sich über ein Theaterstück. Beim Aufstehen sagt die

Frau zum Mann, schau mal, dort sitzt der Christian. Sie meinen mich. Ich blicke auf, lächle ihnen zu und schüttle den Kopf. »Natürlich bist du nicht Christian, der saß immer hier vor zwanzig Jahren«, antwortet sie mir.

Thomas Bernhard war besessen vom Tod, den wir ein Leben lang von uns fernhalten, was einigen besser, anderen schlechter gelingt, und natürlich hielt Bernhard zu denen, denen es schlechter gelingt. Aber wer leben will, muss den Tod nun einmal warten lassen und dem Leben einen Raum geben, und etwas von dieser großen Bewegung des Wegschiebens wiederholt sich noch in den kleinen Schritten zum Glück; ein Zigarettensüchtiger schiebt den Moment auf, in dem er zur nächsten Zigarette greift, und in der Vorfreude liegt schon ein Glück, das durch den Genuss seiner endlich angezündeten Zigarette noch gesteigert wird, ein Zeitungsleser hebt sich einen Artikel, der ihn besonders interessiert, für später auf.

Aber wir wollen ja keine Süchtigen mehr sein und sind gerade dabei, ein Glück zu verspielen. Nicht, dass wir tatsächlich nicht mehr süchtig wären, wir sind Informationssüchtige, Kommunikationssüchtige. Aber aus dieser Sucht eine kleine Philosophie des Aufschubs zu entwickeln, scheint unmöglich, denn auf unseren Endgeräten ist ja alles gleich da. Und so werden Ratgeber und Sachbücher des Verzichts geschrieben, man liest von Selbstversuchen, in denen einer für Wochen oder Monate freiwillig auf das Handy verzichtet hat. Das kann es doch nicht sein.

Was also ist Zeitungssucht? Erst einmal ganz einfach dieses: Eine Zeitung ist nicht einfach da. Man muss sie sich besorgen, und sei es nur im Briefkasten, oder man muss ins Café gehen, wie hier ins *Kant-Café,* und wenn die Zeitung schon da ist, wenn wir sie lesen wollen, dann nur, weil jemand sie liegen ließ oder weil ein Hennetmair sie uns bringt. Und wenn wir sie dann endlich lesen, lesen wir eben selten alles und sparen uns einen Teil der Lektüre für ein Später auf, im Café kann dieses Später Minuten, manchmal auch Stunden bedeuten. Woanders meint es: Tage, Jahre, vielleicht nie. So entsteht eine Sammlung, dazu gleich mehr.

*Zeitungskiosk beim »Kant-Café«*

Die Zeitungssüchtigen sterben langsam aus, aber noch gibt es sie. Am Sonntag kann man sie beobachten, wie sie ihre Zeitung beim Bäcker kaufen. Auch ich freue mich jeden Sonntagmorgen auf die *FAS* und kaufe sie, wenn ich mit dem Joggen fertig bin. Ich bin verschwitzt, und im Winter beschlägt die Brille, wenn ich den *Café-Backshop Mühlenbeck* betrete, sodass ich nichts mehr sehen kann, aber ich weiß ja, wo der Zeitungsständer ist.

Zu Hause stelle ich die *FAS* zusammen mit den Brötchen und dem Croissant für den Kleinen auf den Küchentisch, gehe unter die Dusche, und wenn ich zurückkehre, liest meine Frau den Politikteil und gibt ihre Kommentare ab. Ich höre zu und versuche nicht ungeduldig zu wirken, weil ich ja eigentlich selbst die Zeitung lesen möchte (wenn ich unwirsch antworte, verschlimmere ich die Situation nur, denn dann kann es zu einer ernsten Verstimmung am Tisch kommen, und an ein Zeitungslesen ist erst mal gar nicht zu denken).

Nachdem ich im Sportteil die Berichte der Bundesligaspiele gelesen habe und mich frage, warum ich das eigentlich tue, da ich im *Aktuellen Sportstudio* die Zusammenfassung der Spiele ja schon gesehen habe, vertiefe ich mich in den

Kulturteil und gebe meine Kommentare ab, und meine Frau versucht ihrerseits nicht unfreundlich zu sein, obwohl sie ja eigentlich ihren Artikel zu Ende lesen möchte.

Wenn mir etwas besonders gut gefällt, eile ich zum Laptop und schreibe auf Facebook: Freunde, das müsst ihr lesen, ist nicht online, holt euch die *FAS*, euer Presseausschnittdienst. Andere verlinken in solchen Fällen auf *Blendle*, ich nicht. Noch nicht.

Ein Sonntagsfrühstück ohne *FAS* und unseren Meinungsaustausch ist für mich bisher nicht vorstellbar. Neulich war die *FAS* beim Bäcker ausverkauft, die *Welt am Sonntag* war vorrätig. Ich zögerte kurz, lief dann aber doch zum Kiosk am S-Bahnhof, um die *FAS* zu kaufen. Ein kurzer Umweg von knapp 300 Meter, nichts gegen die 350 Kilometer, die Thomas Bernhard im August 1968 fuhr, um eine *Neue Zürcher Zeitung* zu finden. Ob er sie auch gefunden hat? Die Episode in *Wittgensteins Neffe* verrät es nicht. Ich habe auch in der Forschungsliteratur dazu nichts gefunden.

Die Zeitungssucht von Thomas Bernhard ist seltsamerweise so schlecht erforscht, dass ich weder einen Aufsatz noch eine Studie zur Bedeutung des Zeitungslesens bei und für Thomas Bernhard gefunden habe, noch nicht einmal einen Hinweis auf eine solche. Ich erkundigte mich beim Schriftsteller H., der über Bernhard habilitiert hatte, es also wissen müsste, aber es fiel ihm nichts Gescheites ein. Er meint nur, dass Bernhard sich ja gerne stilisiert habe, möglicherweise also hinter seinem Zeitungslesen nicht viel stand, jedenfalls nicht hinter seinem kosmopolitischen Getue, die *El País* hier, *Le Monde* da. H. verwies mich an den Herausgeber der Werkausgabe, dem aber auf meine Anfrage hin auch erst einmal nichts einfiel.

Kann es denn wirklich sein, dass noch keiner über das Zeitungslesen bei Bernhard geforscht hat, und ich meine jetzt nicht Aufsätze von der Art »Die Funktion der Medien in den späten Dramen von Thomas Bernhard«, die es natürlich gibt? Ich schreibe an das Archiv in Gmunden und bekomme keine Antwort (später wird mir klar werden, warum ich keine Antwort bekomme: Das Archiv war da gerade geschlossen worden, ich erfuhr davon aus einem Artikel in der *FAZ* über das Gezänk um den Nachlass).

Wenn die Wissenschaft schon nichts bringt, muss man eben erst einmal Zeitzeugen befragen. Claus Peymann fällt mir ein. Als Intendant an der Wiener Burg hat er Bernhard zum gefeierten Burgautor gemacht, und Bernhard hatte seinerseits drei Dramolette zu Peymann verfasst. Eines davon, *Claus Peymann kauft sich eine Hose und geht mit mir essen,* wurde später von Harald Schmidt und Benjamin von Stuckrad-Barre im Fernsehen aufgeführt. Peymann arbeitet, noch, am Berliner Ensemble, er hatte Bernhard unzählige Male getroffen, er war ein Freund. Peymann wird mir bestimmt Auskünfte geben können!

Ich schreibe eine Mail an die Presseabteilung: Ob Herr Peymann mir nicht Auskünfte über den Zeitungsleser Thomas Bernhard geben könne, ich *arbeite an einer Studie über den Zeitungsleser Thomas Bernhard,* schreibe ich, stark übertreibend.

Bitte gedulden Sie sich, antwortet der Pressereferent, Herr Peymann arbeitet gerade noch an zwei Premieren, wir melden uns.

Ich gedulde mich.

In einem Café zu sitzen und an einem Allerweltstag eine Zeitung zu lesen und auf die Kantstraße zu schauen und ein wenig über den Lauf der Dinge zu sinnieren, ist eine Sache, aber eine andere ist es, im Krankenhaus die Zeitung zu lesen. Man stelle sich einen Menschen vor, der fast gestorben wäre, nun hat er das Schlimmste überstanden und freut sich jeden Tag ein bisschen mehr, dass er noch da ist.

Er kann sogar schon sein Bett verlassen. Zwar fällt ihm noch jeder einzelne Schritt schwer, aber er zwingt sich, bis zum Kiosk des Krankenhauses zu gehen. Dort kauft er sich eine Zeitung, und nun bekommt er eine große Lust, sie zu lesen.

Zurück im Bett, fühlt er sich aber zu schwach, die Zeitung gleich zu lesen. Nicht schlimm, er kann es ja später tun, vielleicht sogar erst am nächsten Tag. Er hat ja seinen Laptop dabei. Da wird er sich kurz über das Tagesgeschehen informieren.

Natürlich las man früher eine Zeitung, um sich zu informieren. Das ist heute nicht mehr nötig, aber man las auch früher eine Zeitung nicht ausschließlich, um sich zu informieren, Thomas Bernhard ist darin kein Einzelfall, sondern exemplarisch. Eine Zeitung war ein Zugang zur Welt, war ein Stück Heimat und ihr Gegenteil, wenn sie den Blick weitete, eine Zeitung gehörte fest zum Alltag, wenn sie am Mittag auf dem Tisch lag, und sie überschritt diesen Alltag zugleich.

*Thomas Bernhard liest die El País*

Die Zeitung ist immer noch etwas von alledem, aber all das verschwindet langsam, weil sie selbst verschwindet. Mag sein, dass dieser Prozess noch Jahre, vielleicht sogar Jahrzehnte dauert, mag sein, dass es sogar zu einer kleinen Renaissance der Zeitung kommt, und doch: sie verschwindet. Daran zweifelt keiner. Aber nicht jeder erkennt den Verlust, den dieses Verschwinden bedeutet, denn es verschwindet ja eine ganze Kultur, und mir gelingt es wiederum nicht, zu erkennen, dass diese Kultur einer neuen, ebenso reichen weicht, auch wenn ich längst ein Bewohner beider Welten bin, der analogen und der digitalen, und auch ich längst mehr Zeit auf *Spiegel Online* verbringe als mit dem Lesen der *FAZ*.

Die Tageszeitung verschwindet, weil sie veraltet ist, weil ein »Tag« den Informationsfluss nicht mehr regelt, das stimmt schon, aber das rasche Veralten einer Zeitung war schon ein Thema, als es nur Zeitungen gab. »Es gibt nichts Älteres als die Zeitung vom Vortag« ist die

Signatur schon des Zeitungszeitalters. Aber das stimmt nicht immer. Weder stimmte dieser Satz für D., als er im Krankenhaus die *FAZ* las, die er tags zuvor am Kiosk gekauft hatte, noch stimmt es bis heute für irgendjemanden, der in den Ferien ist. Die Zeitung vom Vortag ist im Gegenteil der beste Beweis, dass man wirklich *woanders* ist. In den Ferien kann es nur eine Zeitung vom Vortag geben; wer eine deutsche Zeitung vom gleichen Tag in der Hand hält, kann gleich wieder nach Hause fahren, er ist nicht in den Ferien.

So war es in den goldenen Jahren des Zeitungslesens, so ist es immer noch.

Unsere letzten Sommerferien verbrachten wir in der Bretagne. Mit einer befreundeten Familie hatten wir ein kleines Haus gemietet, in einem Weiler wenige Kilometer von der Küste. Im Ort selbst gab es keine Zeitungen zu kaufen, es gab überhaupt keinen Laden, aber wir hatten natürlich unsere Notebooks dabei und bekamen ein schlechtes Gewissen, wenn wir sie nicht nur hochfuhren, um uns bei *Spiegel Online* über den Gaza-Krieg auf dem Laufenden zu halten, sondern auch, um auf Facebook die Zeit zu vertrödeln. Der Familienvater war nicht so oft auf Facebook, er las auf seinem iPad auch die deutschen Zeitungen und die *NZZ*, und wenn wir später am Tag in der kleinen Stadt am Meer waren, kaufte er sich *Le Monde, Libération* und den *Canard Enchaîné*.

Dass ich über das Zeitungslesen nachdachte, vielleicht sogar ein kleines Buch schreiben würde, verschwieg ich ihm, ich wollte nicht, dass er sich beobachtet fühlt und sein Verhalten ändert, ein Problem, das aus der Ethnologie bekannt ist. Er hätte sich dann vielleicht nicht so selbstverständlich die Zeitung in seine Hosentasche gesteckt und wäre mit ihr nicht durch die kleine Hafenstadt stolziert, aus deren Straßenbild die Zeitungen so gut wie verschwunden waren, wobei man ehrlicherweise sagen muss, dass der Ort zwar hübsch, aber doch auf den regionalen Tourismus ausgerichtet ist.

Die Krimis von Bannalec, die so viele Menschen in die Bretagne locken, spielen woanders.

In der Papeterie gab es zwar auch ausländische Zeitungen, aber man musste nach ihnen fragen. Die Verkäuferin warf einen unsortierten

Packen auf den Tresen, aus dem ich die *Süddeutsche* vom Vortag zog und mich ins gegenüberliegende Café setzte, aus dem ein Hit von Alphaville zu hören war.

Ich blätterte ein wenig in der *Süddeutschen* und blickte zu den Fischerbooten, die in der Mittagssonne dösten. Am Ende hatte ich nur das *Streiflicht* gelesen, das ich in Berlin kaum mehr lese, obwohl ich es mir oft vornehme. Ich hatte also nicht viel gelesen, aber ich hatte eine Glosse gelesen, die zum Besten gehört, was die Zeitung zu bieten hat, aber von mir viel zu selten gelesen wird. Ich fühlte mich gut.

Auch L. las nur einen Bruchteil der französischen Zeitungen, die er gekauft hatte. Am wenigsten vertiefte er sich in den *Canard Enchaîné*.

Nun sind die Artikel im *Canard* gewiss sehr anspruchsvoll geschrieben, aber dass er, der beneidenswert gut Französisch spricht (er hatte in Paris studiert), so wenig darin las, hatte einen anderen Grund. So wie man in Berlin das Programm der Stadtzeitung studiert, um zu schauen, was man alles unternehmen könnte, und dann doch zu Hause vor dem Fernseher einschläft, so liest man im Urlaub die anspruchsvollen Zeitungen, die man sich gekauft hat, dann doch nicht, oder kaum. Im Durchschnitt liest man vielleicht zwei Artikel, den großen auf der Titelseite und einen von mittlerer Länge im Innern der Zeitung.

Die meisten Versuche zur Rettung der Zeitung gehen davon aus, dass die Menschen eine Zeitung *lesen* wollen. Dass sie sich eine Zeitung besorgen, bloß um sie lesen *zu können,* wird nicht bedacht, es würde ja auch ein wenig ratlos machen. Aber es ist in vielen Fällen so und gilt noch schärfer für Zeitschriften und Magazine.

So las mein Freund nicht nur den *Canard Enchaîné* kaum, er arbeitete auch den Packen *New Yorker* nicht durch, den wir ihm mitgebracht hatten. Bevor er mit den Seinen das Flugzeug genommen hatte, hatte er uns nämlich einen Koffer mitgegeben, den wir in die Dachbox auf unserem Auto quetschten. Wir wähnten Kleider und Spielzeug in ihm. Nie wären wir auf die Idee gekommen, dass einer sich alte Ausgaben des *New Yorker* mitbringen lässt. Weder ist es der vordergründige Sinn einer Sammlung von *New Yorkern,* sie im

Urlaub nachzulesen, noch ist es der vordergründige Sinn eines Urlaubs, dass man in ihm alte *New Yorker* nachliest.

Aber seinen Sinn hatte es eben doch. Er las ein paar Artikel und schien zufrieden.

Und auch das ist aus der Geschichte der Ethnologie bekannt: Der Forscher nimmt selbst das Verhalten seines Forschungsobjekts an. Wir machten einen Ausflug nach Paimpol. Im festen Vorsatz, einen Roman zu kaufen, ging ich in eine Buchhandlung und fand einen Roman über das *Paris unter Georges Pompidou*. Später las ich am Strand etwa zwanzig Seiten, danach rührte ich ihn nie mehr an. Er war nicht schlecht, aber ... Hättest du mal lieber die *Islandfischer* von Pierre Loti gekauft, sagte ich mir, der spielt in Paimpol, aber ich hätte auch in den *Islandfischern* nicht mehr gelesen als in jenem Roman über das *Paris unter Georges Pompidou*.

Weder würde ich mir in Berlin einen Roman kaufen, von dem ich ahne, dass ich nur zwanzig Seiten lesen werde, noch würde sich mein Freund dort eine Zeitung in die Hosentasche stecken. Aber in den Ferien verhält man sich eben anders, unzeitgemäß, immer etwas in der Vergangenheit lebend.

Die Menschen fahren in die Ferien, um frühere Ferien zu wiederholen, die selbst die Wiederholung von Ferien waren, nämlich aller Ferien unserer Kindheit und Jugend. Noch in den Ferien wird an der nächsten Wiederholung gearbeitet, wie oft verspricht man sich: ›Wir kommen wieder!‹

Aber wie selten kehrt man tatsächlich zurück.

Die Verlage wären also gut beraten, den Verkauf ihrer Tageszeitungen auf die Urlaubsgebiete zu konzentrieren, alle Energien des Vertriebs auf diese Weltgegenden zu richten, Erfolg versprechen besonders die etwas in die Jahre gekommenen Seebäder, die italienische Riviera komplett. Und sie scheinen es ja schon zu tun, es ist erstaunlich, wo man die *Süddeutsche* oder die *FAZ* überall kaufen kann. Ich habe versucht, vom Verlag der *FAZ* zu erfahren, wie viele Exemplare sie in Italien verkaufen. Sie rücken die Zahlen nicht heraus.

Aber dann kann man die *FAZ* eben doch noch nicht an jedem Ort und zu jeder Zeit kaufen. Dass die Zeitung ein seltenes Exemplar ist, erhöht natürlich den Reiz, es geht ihr hier wie allen schönen Dingen. Vor ein paar Jahren verbrachte ich ein paar Tage auf der griechischen Insel Paros. Ich wohnte in einem ehemaligen Hotel, das nun eine Residenz für Autoren aus aller Welt ist. Eine deutsche Zeitung war in dem Ort nicht zu kaufen, der im Landesinneren lag und sich eine gewisse Rückständigkeit bewahrt hatte, die man umso besser genießen konnte, als die griechische Krise noch nicht ausgebrochen war und man die Rückständigkeit nicht als Folge eben dieser Krise begreifen musste und also ein schlechtes Gewissen bekam.

Der dicke Metzger kühlte sein Fleisch ohne Strom, ich kaufte das Fleisch bei ihm und nicht im teuren Supermarkt oben am Platz und fühlte mich gut.

Jeden Montag fuhr ich mit dem Bus rund zwanzig Kilometer nach Parikia, um mir eine *FAS* zu kaufen und sie auf der Terrasse des Cafés *To Distrato* im Schatten einer Kastanie zu lesen. Der Bus, der mich dahin brachte, war klimatisiert und kam pünktlich, seit ein paar Jahren gab es auf der Insel ein gut ausgebautes Bus- und Straßennetz. Das passte mir nicht in den Kram, viel lieber wäre ich in einem überhitzten, wackeligen Bus über staubige Straßen hart am Abgrund der Felsen gedonnert, das Ganze am liebsten in Sepia und mit einer großen, aber nicht hoffnungslosen Verspätung.

Allein, ganz reibungslos ging es dann doch nicht immer zu, die Herbststürme kamen auf, und einer war dann so stark, dass die Fähre aus Piräus ausfiel und mit ihr auch die *FAS* nicht kam. Deshalb war auch die *Welt am Sonntag* nicht gekommen, die ich zur Not auch noch gelesen hätte. Ich war auf Entzug und fing an, die Speisekarte zu lesen, die auf Englisch und Griechisch geschrieben war, und sie nach abwegigen Kriterien zu ordnen.

Wenn man unbedingt eine Zeitung lesen will und nichts anderes greifbar ist, liest man die dürren Mitteilungen im Amtsanzeiger, als wären es kleine Aphorismen, und die Angebote auf dem Faltblatt von Lidl, als wären es Rekorde von der Sportseite.

Und noch eine Zeitung, die ich nicht gelesen habe. Sie lag einsam in einem Kiosk in Istanbul, der an einer schäbigen Ecke des Bahnhofs Sirkeci stand, von dem einmal der

Orientexpress losgefahren war. Es war eine *FAZ* vom Vortag. Sie kostete neun türkische Lira, umgerechnet acht Euro, ich überlegte kurz und beschloss dann, sie nicht zu kaufen. Aber je länger ich durch die Stadt ging, desto mehr bereute ich meinen Entschluss. Auf dem Rückweg würde ich sie kaufen! Kaufte ich sie nicht, würde ich mir später vorwerfen, dass der ganze Ausflug sinnlos gewesen sei. Die Zeitungssucht war noch einmal so stark, dass acht Euro wirklich nicht zu viel für eine Zeitung waren. Als ich später wieder beim Kiosk war, war die Zeitung weg. Ich hatte einen Komplizen, das war auch etwas wert.

Zeitungen können also im besten Sinn zum Medium der Vergangenheit werden. Und sie sind, auch wenn es ein wenig platt klingen mag, ein Medium der Entschleunigung. Unter Experten gilt es als sichere Sache, dass längerfristig nur Wochenendzeitungen und Wochenzeitungen überleben werden. Wenn überhaupt, dann findet der Mensch nur am Wochenende noch Zeit, eine Zeitung zu lesen. Deshalb legt er schon am Samstag alle Artikel zur Seite, die er am Sonntag lesen will. Aber weil er ja dann erst einmal die Sonntagszeitung lesen muss, wird er nur einen Bruchteil der am Samstag bereitgestellten Artikel gleich lesen können. Er hebt sie also für das nächste Wochenende auf, und das gilt natürlich auch für die darauf folgenden Wochenenden. Man kann eins und eins zusammenzählen, das schöne Prinzip des Aufschubs verkehrt sich in sein Gegenteil, die

Zeitungssucht zeigt sich von ihrer dunklen Seite.

Der Süchtige steht vor einem Berg von ungelesenen Artikeln und muss lernen, angesichts dieses Haufens sein schlechtes Gewissen abzubauen. Er tut es, indem er den Haufen zu einer »Sammlung« verklärt.

All die Archive, die halbe Wohnungen, jedenfalls halbe Zimmer füllten und unzählige Zeitungsleser als »Messies« diskreditiert haben. Den eifrigsten Zeitungssammler in meinem Bekanntenkreis habe ich nie kennengelernt. Er war der Klavierlehrer meiner Lieblingsprofessorin. Wenn wir sie in ihrer kleinen Wohnung in Zehlendorf, später dann in S. besuchten, war er entweder gerade gegangen, oder er würde wiederkommen, wenn wir gegangen waren. Aber er war nie da. Wie der Klavierlehrer zu meiner Lieblingsprofessorin stand, war nicht ganz klar.

Einmal beobachtete ich die beiden auf einer Demo am Wittenbergplatz, dabei ging sie, die das Teebesteck von Gretel Adorno aufbewahrte, am Wittenbergplatz doch allenfalls ins KaDeWe, um ihren französischen Weichkäse zu kaufen, und mied Demonstrationen trotz ihrer gesellschaftskritischen Haltung. Hat ihr Klavierlehrer sie so weit gebracht? Ich weiß es nicht.

Auf jeden Fall sammelte sie die *Süddeutsche Zeitung* für ihn. Der Stapel lag neben der Haustür und später, in S., auf der Fensterablage. Wenn ich sie besuchte, empfahl sie immer diesen und jenen Artikel aus dem Feuilleton der *Süddeutschen* zur Lektüre, aber sie konnte mir die Zeitung nie mitgeben, die sie ja hatte und in der dieser Artikel ja stand, denn die Zeitung war eben für den Klavierlehrer bestimmt, der sie bei seinem nächsten Besuch mitnehmen würde. Der Klavierlehrer hatte zwei Wohnungen in Berlin, eine davon im legendären Gropiushaus in der Nähe des Olympiastadions. Er starb im Sommer 2013.

Erst nach seinem Tod erfuhr ich, dass er verheiratet war. Seine Frau war nach seinem Tod wohl lange damit beschäftigt, die Zeitungen zu entsorgen, es müssen Tonnen gewesen sein. Außer der *Süddeutschen* hatte er den *Spiegel* und wohl auch den *Tagesspiegel* gesammelt, meinte meine Lieblingsprofessorin. Sie sagte auch, dass sie den Klavierlehrer keinesfalls vor uns versteckt habe. Er wollte nur nie dabei sein, wenn wir uns trafen.

Eine Zeitungssammlung kann noch so erschlagend sein, sie ist doch nie vollständig. Die Vorstellung, mit dem Zeitungssammeln an ein Ende zu kommen, erscheint absurd. Die Sammlungen bleiben fragmentarisch, aber sie schreiben unsere Biographien mit. Ich bewahre bis heute ein paar Artikel aus einer längst abgewickelten Beilage der *Basler Zeitung* auf, sie wurden geschrieben von einem Autor namens Aurel Schmidt, den ich bewunderte, ohne dass er je von dieser Bewunderung erfahren hätte. Auch das gehört ja zum Zeitungslesen: die stille Bewunderung für einen Autor. Ich denke auch an Lothar Baier, den ich ebenfalls bewunderte und von dem im Keller ebenfalls ein paar Artikel in einem Umzugskarton vor sich hin gilben.

Auch ein paar uralte Fanzines finde ich, als ich den Karton durchwühle. Eines dieser Fanzines, es ist wie die anderen mit Schreibmaschine geschrieben, ausgeschnitten, aufgeklebt und auf Xerox fotokopiert, heißt *Der Narziss. Schaffhausens grösste Zeitung.* Es handelt sich natürlich, wenn schon, um die kleinste Zeitung der Stadt Schaffhausen, geschrieben, gelayoutet und vertrieben von einem einzigen Menschen, und dass sie »mit dem selben alten Ramsch gefüllt« ist, zeugt vom Humor des Gymnasiasten. Aber es steckt schon etwas von den großen Verheißungen des Zeitungslesens darin, wenn es auf der Rückseite heißt: »Entdecken Sie Mich: den großen Epiker, den engagierten Revolutionär, den packenden Reporter, den fesselnden Erzähler«.

Über dreißig Jahre ist das nun her. Ich frage mich, was aus dem Narzissten geworden ist. Ein Lokalreporter, ein Schriftsteller oder doch etwas ganz anderes?

Der Wert eines solchen Relikts erschließt sich den Mitmenschen oft nur schwer. Keiner führt mir das besser vor Augen als T., den ich im Lateinkurs der Universität kennengelernt hatte, wo er Latein bald nicht nur verstand, sondern sogar *sprechen* konnte, und das relativ fließend. Er hatte einen etwas schleppenden Gang, der von einer Knieverletzung herrührte, einen kantigen Schädel, und wenn er lachte, wurden seine Augen zu Schlitzen.

Das WG-Zimmer, das er bewohnte, war fast leer, außer einer Matratze und ein paar Kleidern besaß er nur einen Plastiksack mit wenigen Habseligkeiten. Nach einigen unglücklichen Semestern Studium und dem gescheiterten Versuch, eine Psychoanalyse zu machen – der Analytiker sagte, er sei nicht therapietauglich, da er seine Erzählung immer gleich selbst mit dem, was er bei Freud gelesen hatte, deutete, aber so keinen Schritt weiterkam –, brach er sein Studium ab und fand eine kleine Anstellung in der Bundesbehörde. Gegen die drohende Verbürgerlichung ließ er sich die kurzen Haare lang wachsen.

Ich erinnere mich, dass er viel Handke las, *Die Innenwelt der Außenwelt der Innenwelt* und *Die linkshändige Frau*. Handke las er auch auf einer Busreise in den Süden und ging den Freunden damit auf die Nerven, weil er durch die herrlichsten Landschaften fuhr, ohne von seiner Lektüre aufzuschauen. (Warum eigentlich geht uns ein solches Verhalten auf die Nerven?) Sie forderten ihn auf, doch mal rauszuschauen, was er auch tat, aber kurz darauf blickte er wieder in sein Buch.

T. hatte keinen direkten Draht zur Welt. Man musste ihm *sagen*, dass etwas schön sei, er übernahm dann dieses Urteil. Unfähig, sich eine eigene Meinung zu einer Sache zu bilden, war er auf seine Weise ein Mensch mit viel Empathie, einer, der im anderen aufging, diesen gelten ließ. Aber zugleich war er ein so meinungsloser Mensch, dass man ihn für den denkbar schlechtesten Zeitungsleser halten musste. Als guter Zeitungsleser gilt ja nicht der, der eine Meinung wiederkäut, sondern der, der sie durch Lektüre selbst bildet.

Und doch: T. hatte ein phänomenales Gedächtnis; was er las oder aufschnappte, blieb ihm. Er machte sich aber nicht viel daraus, so wenig wie ihm materieller Besitz etwas bedeutete, seine Handkes hatte er aus der Bibliothek. Und so überrascht es nicht, dass seine Zeitungssammlung aus einem einzigen Artikel bestand, einem Artikel über Peter Zadek aus der *Weltwoche*, den er in dem Plastiksack aufbewahrte, den er mit sich herumschleppte. Außerdem fand sich ein Buch, dessen Titel ich vergessen habe, in diesem Sack und seine Proseminararbeit, die ihm schwergefallen war, viel leichter konnte er anderen helfen beim Schreiben.

Ich weiß nicht mehr, warum T. ausgerechnet diesen Artikel über

Zadek aufbewahrte, er war kein Theatergänger. Dass es ein Artikel aus der W*eltwoche* war, erstaunt allerdings nicht, sie war damals ein unter Studenten viel gelesenes, linksliberales Blatt.

Einmal begleitete ich ihn nach Niederösterreich zu seinen Cousinen, den Töchtern eines *Havarie-Besitzers*, wie ich immer wieder gesagt habe, im falschen Glauben, Tankstelle heiße dort Havarie. Wie bin ich bloß darauf gekommen? Tatsächlich heißt Havarie ja Schaden, Störung. Vor allem in Österreich spreche man im Straßenverkehr, besonders beim Totalschaden, von einem »havarierten Fahrzeug«, lese ich im Online-Lexikon. Möglicherweise war also der Vater der Cousinen in Wahrheit ein Werkstattbesitzer, der es oft mit Totalschaden zu tun hatte. Die Anekdote hätte Thomas Bernard vielleicht gefallen, in dessen Werk es, wenn man so sagen darf, immer wieder um havarierte Menschen geht. Geschichten von solchen Menschen fand er, in kurzer Form natürlich, in der Zeitung.

»Finden Sie in den Zeitungen Informationen, die Sie in Ihren Büchern verwerten?«, fragte die Journalistin Krista Fleischmann den Schriftsteller in einem langen Gespräch, das sie auf Mallorca führten. Bernhard antwortete: »Na sicher, es ist ja in den Zeitungen überhaupt alles zu finden, was es gibt. Das heißt alles, was eigentlich existiert, ist in den Zeitungen. Mehr kann man nicht finden. Die Realität ist in den Zeitungen noch übersteigert. Die Leerstellen der Wirklichkeit sind in den

Zeitungen noch ausgestopft. Im Übermaß. Die eigentliche Natur und Welt ist in den Zeitungen. Die boulevardesken Zeitungen: Je primitiver, desto mehr ist eigentlich drin. Je scheußlicher die Zeitung ist, desto mehr Gewinn ziehe ich daraus. Von einem seitenlangen Vortrag von Herrn Popper habe ich gar nichts. Aber ich habe sehr viel davon, wenn da steht, die Bäuerin Hintermeier in der Steiermark ist also amoklaufend aus dem Haus, hat vier Kinder umgebracht und das fünfte ertränkt. Das ist doch viel gewaltiger.«

Wer die Zeitung retten will, jedenfalls für eine gewisse Zeit, betont das Sinnliche an ihr. Das reicht von der zutreffenden Beobachtung, dass eine gut gemachte Zeitung nicht einfach eine Ansammlung von Artikeln ist (also gerade das Gegenteil von dem, was *Blendle* uns im Internet als »Zeitung« verkauft, nämlich einfach Artikel), sondern eine Komposition darstellt, sowohl in der Zusammenstellung der Artikel als auch ihrer optischen Aufbereitung, bis hin zu ihrer Haptik. Es fühlt sich einfach gut an, eine Zeitung in der Hand zu halten, und wie schön das Papier raschelt.

Das alles ist schon wahr, aber diese Vorzüge werden nicht reichen. Die Zeitung würde nur gerettet, wenn Thomas Bernhard recht behielte. Wenn sie eine große Erzählung der Welt bliebe, wenn sie die Welt wahr machen würde, wenn, wie er bei anderer Gelegenheit sagte, die »eigentliche Natur und die Welt in den Zeitungen« wäre, immer, für alle Zeit.

Nun wird man sagen, dass all das doch viel besser auf das Internet passt. Dass das Internet erst recht die große Erzählung der Welt ist und erst recht die Wahrheit über die Welt sagt. Stimmt schon, aber genau darin liegt das Problem. Geist bildet sich erst in den Brüchen und in den Übertreibungen, in den Fallhöhen des Lebens, durch die das Tragische komisch und das Komische tragisch wird. Eine Ahnung von dieser Fallhöhe kriegt, wer eine Lokalzeitung liest, vielleicht lesen muss, weil keine andere da ist. Im Internet gibt es streng genommen keine Lokalzeitungen mehr.

Bernhard war ein passionierter Leser der Lokalzeitung, und als passionierter Leser war er auch ein Leserbriefschreiber. Überhaupt war Bernhard ein fanatischer Leserbriefschreiber. Oft schrieb er einen Brief in eigener Sache, wenn er sich und sein Werk falsch dargestellt fühlte, und wurde dabei nicht selten maßlos, sprengte das Format.

Aber er schrieb auch Leserbriefe als Zeitgenosse. Ein großartiger Zufall will es, dass das Letzte, was von Thomas Bernhard überhaupt veröffentlicht wurde, ein Leserbrief war. Er erschien genau einen Monat vor seinem Tod am 12. Februar 1989, aber eben nicht etwa in der *El País* oder der *Zeit*, sondern in der *Salzkammergut-Zeitung*. Bernhard hatte gelesen, dass die Straßenbahn von Gmunden eingestellt werden soll, und das erfüllte ihn mit Schrecken. »Ein größeres Unglück könnte dieser von mir geliebten Stadt gar nicht widerfahren! Gerade diese Straßenbahn ist eines der markantesten Wahrzeichen der Stadt und ich benutze sie regelmäßig mit dem größten Vergnügen bei meiner Ankunft auf dem Bahnhof. Diese Straßenbahn ist ein Kleinod und unersetzbar und Gmunden würde mit ihr eine seiner allerersten Attraktionen bei Jung und Alt verlieren.«

Die Straßenbahn fährt immer noch durch Gmunden, wer weiß, vielleicht auch dank dieses Leserbriefs von Thomas Bernhard. Was immer ein Leserbrief bewirken kann, er ist auf jeden Fall ein seltenes Ereignis, in dem, ausnahmsweise, die Gedanken eines Zeitungslesers laut werden. Wer Zeitung liest, befindet sich ja in einem ständigen Zwiegespräch, mit dem Leitartikler etwa, über den er sich noch lieber aufregt, als dass er ihm zustimmt. Noch mal: Es geht beim Zeitungslesen nie nur um Informationsgewinnung und freie Meinungsbildung, sondern auch um starke Gefühle. Um das Recht, sich aufzuregen.

Wer in seinem Ärger einen Leserbrief verfassen und abschicken wollte, der machte sich erst einmal Gedanken, ob sich das auch lohnt. Oft verzichtete er dann. So wurde das Niveau des Beitrags bis zu einem gewissen Grad gewährleistet, außerdem behielt sich eine Redaktion das Recht vor, einen Brief nicht abzudrucken. Die scheußlichsten Briefe blieben unveröffentlicht, aber durch das Netz kommt uns fast jede Scheußlichkeit zur Kenntnis.

Es geht nicht darum, die Welt zu verändern, sondern sie möglichst zu verschonen, meinte der konservative Philosoph Odo Marquard. Nicht, dass ich ihm prinzipiell zustimmen möchte, wirklich nicht, aber als Korrektiv gegen kommunikative Erregungen ist das schon ganz gut gesagt. Im Vergleich zu einem Shitstorm blieben die Interventionen der Zeitungsleser doch relativ moderat, es gab höchstens mal »körbeweise« Zuschriften. Nun habe ich keine Lust, weiter über Shitstorms zu lamentieren, aber ich möchte eine andere kollektive Leistung des Zeitungslesens hervorheben, die mir neulich durch den Kopf ging. Ich meine den Gesinnungswandel, der durch das Lesen einer Zeitung entstehen kann, und zwar den Gesinnungswandel einer ganzen Generation.

Um den Klassenfeind zu studieren, haben viele Achtundsechziger die *FAZ* gelesen. Der Wirtschaftsteil war Pflichtlektüre. Allerdings studierten sie dann ihren Wirtschaftsteil und noch anderes so lange, bis in vielen Fällen aus der rein instrumentellen Beziehung echte Zuneigung entstanden ist. Vermutlich kann man die befremdliche Tatsache, dass sich unter den älteren Publizisten, und nicht nur bei der *Welt,* so viele Renegaten befinden, nur so verstehen.

Ich konnte zwar keinen Glaubensabfall, aber doch einen Fall von gewachsener Zuneigung in meiner nächsten Nähe studieren. Der Grafiker P. war in einer Kommune aktiv gewesen und blieb in seinem Habitus (Pferdeschwanz) und einigen seiner Ansichten (Basisdemokratie) seiner Herkunft zwar treu, aber auf die *FAZ* ließ er nichts kommen, und gleich gar nichts auf Günter Bannas, den innenpolitischen Berichterstatter, den er verehrte. P. arbeitet heute für die einzige überregionale Tageszeitung, die sich »sozialistisch« nennt, aber seine Liebe zur *FAZ* ist so groß, dass er sich bei der Neugestaltung des *Neuen Deutschland* erkennbar von seiner großen Liebe inspirieren ließ.

Ich habe nicht in der DDR gelebt und weiß nicht genau, wie man dort die Zeitung gelesen hat. Aber ganz sicher las man anders, mit Distanz, ohne Distanz, zwischen den Zeilen und vermutlich meistens auch wiederum nicht, weil zwischen den Zeilen einfach gar nichts zu lesen war.

Wo las man? Nur zu Hause, oder doch auch im Café? Im *Café Kisch* etwa, das Unter den Linden stand, fast genau dort, wo heute das *Einstein* steht, in dem sich die sogenannten Hauptstadtjournalisten treffen? Meine Freundin L. winkt ab, als ich sie nach dem *Kisch* frage. Zwar saß sie als junge Frau jeden Tag in einem Café Unter den Linden, aber das hieß *Espresso* und lag neben dem *Lindencorso*, und Zeitung gelesen habe man dort auch nicht. Bücher schon eher, sagt sie nach einigem Nachdenken. Dann fiel ihr noch ein: Zeitungen wurden in der U-Bahn gelesen, vor allem in der U2, an der die Ministerien lagen, gelesen wurde natürlich das *ND,* aber manchmal sah man auch eine *Weltbühne* oder einen *Sonntag,* denn an der Linie lag auch der Kulturbund.

Zeitungsgeschichte als Stadtgeschichte, als Beitrag zu ihrer sozialen und politischen Lesbarkeit. Wie kann man diese Geschichte weiterschreiben, wenn in der U-Bahn nur noch auf den Handys gelesen wird?

Der *Sonntag* ist einer der beiden Vorläufer des *Freitag* und durfte nur in einer kleinen Auflage erscheinen. Auch Zeitungen und Zeitschriften konnten in der DDR zum knappen, begehrten Gut werden. Neben dem *Sonntag* ist das *Magazin* zu nennen. Und natürlich war auch Westware gefragt: Einmal hatten wir im *Freitag* einen Blattkritiker zu Gast, der in der DDR aufgewachsen ist. Anders als die meisten Gäste, die wir in unsere Redaktion einladen, um unsere Zeitung zu kritisieren, war dieser kein Journalist, sondern einfach ein Leser, allerdings ein besonders leidenschaftlicher. Schon als Junge hatte er Zeitungen verschlungen, am liebsten die *Zeit*, die ihm die Tante aus dem Westen schmuggelte.

Nun war er nicht nur ein leidenschaftlicher Leser, sondern auch ein sehr ernster und gründlicher, nicht ohne Humor, aber frei von Ironie und Zynismus. Mit großem Ernst analysierte er, der nie studiert hat, sondern die Schreibwarenabteilung eines großen Warenhauses leitet, wo er allerdings der Einzige ist, der eine Zeitungssucht hat, unsere Zeitung von hinten bis vorne.

Eine Diktatur erkennt man ja auch daran, dass die Presse nicht frei ist, und das heißt dann, dass Zeitungen fehlen, die man gerne liest. Ausgerechnet ein Reporter aus der Schweiz wollte das in der DDR ändern, Jean Villain nannte er sich, Marcel Brun hieß er bürgerlich.

Brun war ein Nachfahre von Johanna Spyri, der Autorin der *Heidi*-Romane. Ende der Fünfzigerjahre ging er aus politischer Überzeugung in die DDR, wo er sich mit Klaus Gysi anfreundete, der damals den Aufbau-Verlag leitete und später Kulturminister wurde. Nach dem Bau der Mauer blieb er. Aus Liebe zu einer Frau, wie er mir sagte, als ich ihn zwei Jahre vor seinem Tod in der Uckermark besuchte, wo er recht verbittert lebte. Gysi sei es dann auch gewesen, der ihn beauftragte, eine politische Illustrierte zu konzipieren, die man auch wirklich lesen wollte. Einen *Spiegel* für die DDR gleichsam, *Profil* sollte er heißen, Brun zeigte mir die Nullnummer.

Aus dem DDR-*Spiegel* wurde nichts, nach Chruschtschows Tod und dem Ende des Tauwetters bekamen die Funktionäre Angst vor ihrer eigenen Courage. Aber Brun durfte reisen und schrieb sozialkritische Reportagen über das Elend in der Dritten Welt, die erst in Zeitschriften erschienen, dann in Büchern, die sich millionenfach im ganzen Ostblock verkauften.

Als ich ihn besuchte, war gerade publik geworden, dass er auch IM für die Stasi gewesen war. Wir sprachen lange über das Ethos des Reporters, er hatte die legendären Reportage-Kurse geleitet, an denen Anne Dessau, Klaus Schlesinger oder Landolf Scherzer teilgenommen hatten. Aber ich habe mich nicht getraut, ihn, der mir gegenüber eindringlich von der Unbestechlichkeit des Reporters gesprochen hatte, nach seiner IM-Tätigkeit zu fragen.

Die Vorstellung einer Zeitung, die man selbst am liebsten lesen würde, ist wohl so alt wie die Zeitung selbst. Wie oft wurde nicht schon in irgendeinem Café, an irgendeiner Bar der deutsche *New Yorker* gegründet!

Seltsamerweise wusste ich lange überhaupt nicht, wer die Ur-Zeitung erfunden hat – es war der Leipziger Buchdrucker Timotheus Ritzsch, der Sohn eines Barockdichters.* Dagegen ging ich gerne mit der Erkenntnis hausieren, dass

---

* Mein Verleger Wolfgang Hörner machte mich aufmerksam auf die sogenannten Meßrelationen. Auf den Buchmessen von Frankfurt und Leipzig wurden Druckschriften verteilt, die über die politischen und militärischen Ereignisse seit der letzten Messe berichteten. Diese Periodika aus dem 16. Jahrhundert gelten als Vorläufer der Zeitung, Meßrelationen sind gesuchte Sammlerstücke, wie Hörner aus eigener Erfahrung weiß.

die erste Boulevardzeitung der Welt von Heinrich Kleist gemacht wurde. Es war eine Boulevardzeitung im Geiste der Literatur. Kleist füllte seine *Berliner Abendblätter* mit Polizeimeldungen, mischte aber auch literarische Texte wie *Über das Marionettentheater* darunter und verteilte das Ganze hinter der katholischen Kirche in Berlin. Nach ein paar Ausgaben war Schluss. Kleist hatte kein Geld und keine Lust mehr und wandte sich wieder dem Novellen- und Stückeschreiben zu.

Das Zeitalter der Zeitungen hat schon einen recht windigen Menschenschlag hervorgebracht, der mit dem Begriff des Journalisten und dem des Feuilletonisten nicht genau umrissen ist. Balzac hat über diesen Menschenschlag seinen wohl bekanntesten Roman geschrieben: *Die verlorenen Illusionen* spielen am Anfang des 19. Jahrhunderts in Paris und erzählen von der entstehenden Massenpresse, vom Entstehen der vierten Macht und was sie aus den Menschen, die für diese vierte Macht arbeiten, macht. Generationen von Kulturjournalisten haben den Roman verschlungen und gesagt: genau so ist es, genau so korrupt und verlogen ist der Betrieb, ist es auch heute noch, und er ist es natürlich! – mit Ausnahme meiner selbst.

Als ich den Roman nun wieder las, fiel mir auf, dass in diesem ansonsten vollständigen Panoptikum gleichsam das Zentrum, um das herum es angelegt ist, fehlt. Dieses Zentrum ist der Zeitungsleser. Von den unzähligen Artikeln, die

Lucien verfasst, scheint kein einziger für ihn geschrieben. Lucien schreibt, um einen Konkurrenten zu beeindrucken oder zu schwächen, um Theaterkarten zu ergattern oder ein hohes Honorar zu bekommen. Nein, der Leser kommt nicht vor.

Um den Leser soll es hier aber gehen, auch dann, wenn von Zeitungsmachern die Rede ist. Auch sie waren ja zuerst einmal Leser, ganz besonders passionierte sogar, die zuerst im eigenen Fanzine oder der Schülerzeitung die Seiten wechselten und später einfach versuchen, die Zeitung zu machen, die sie selbst gerne lesen wollten. Und manchmal schließt sich der Kreis, und ein Zeitungsmacher wird wieder zum Zeitungsleser, der er früher gewesen war. Erich Kuby war als Journalist für die *Süddeutsche*, später für den *Spiegel* »ein Nestbeschmutzer von Rang«, wie Heinrich Böll formulierte. Kuby hatte sich mit den rebellierenden Studenten solidarisiert und gegen die deutsche Wiederaufrüstung und die Verdrängung des Nationalsozialismus angeschrieben. Seinen Lebensabend verbrachte Kuby, der 95 Jahre alt wurde, in Venedig, wo er sich zwar immer noch an den Debatten in Deutschland beteiligte, wo er aber offenkundig vor allem die Zeitung las.

Bis 2003 schrieb Erich Kuby für den *Freitag* eine Kolumne, die schlicht »Der Zeitungsleser« hieß. Wer die Kolumne heute liest, staunt, wie wenig er darin seine Meinung sagt. Meistens lässt er das Gelesene für sich sprechen, so als wolle er einfach seine Zeitungslektüre dokumentieren.

Der Zeitungsleser – zugegeben, ich müsste lügen, würde ich behaupten, dass ich zuerst an eine Frau denke, wenn ich an Zeitungsleser denke. Die erste Frau, die mir im Zusammenhang mit dem Zeitungslesen einfällt, ist P. Sie kam aus Bayern und sagte »Haxen«, wenn sie den Oberschenkel meinte, kiffte viel und studierte Afrikanistik, ohne je in Afrika gewesen zu sein. Das Kiffen fiel ihr umso leichter, als ihr ein Arzt im Vertrauen mitgeteilt hatte, dass es gut gegen die Epilepsie sei. Sie kiffte allerdings so viel, dass sie mit ihrem Studium nicht vorankam. Ich machte ihr Vorhaltungen, die nichts brachten.

Als wir uns kennenlernten, hatte sie mir von ihrem Vater vorgeschwärmt. Du wirst dich gut mit ihm verstehen, er liest die *Süddeutsche* jeden Tag, sagte sie, als wir im Winter zu ihren Eltern fahren wollte. Auch mit meinem Bruder wirst du dich gut verstehen!, fügte sie hinzu. Ihr älterer Bruder habe in Berlin eine wilde Zeit erlebt, Genaueres könne ich von ihm selbst in Erfahrung bringen.

Die Vorfreude auf den Vater und den älteren Bruder sollte mir offensichtlich die Begegnung mit ihrer Mutter erleichtern. Die Mutter war eine verbitterte Frau, die mich nicht anschaute, als sie uns an der Haustür in Empfang nahm, und das auch später vermied. Denke ich an die Mutter von P., sehe ich eine abweisende Handbewegung und einen verschlossenen Mund. Sie kam aus der Weltstadt und lebte nun in diesem Kaff, aber das schien es nicht zu sein, was sie verbittert gemacht hatte und noch älter ausschauen ließ, als sie war.

Auch ihr Mann konnte an dieser Verbitterung eigentlich nicht schuld sein; er war ein liebenswürdiger Mensch mit einer sanften Stimme, einem freundlichen Lächeln und einer dicken Brille, seit Kurzem im Ruhestand, früher hatte er als Ingenieur gearbeitet. Ein Mann, der mich in vielerlei Hinsicht, nicht zuletzt durch eine Kriegsverletzung, an den Onkel Toby aus dem *Tristram Shandy* erinnerte, aber vielleicht war es gerade seine Sanftmut, seine Harmlosigkeit, die seine Frau verbitterte.

Konflikten ging er aus dem Weg, indem er sich in die Küche zurückzog, wo er dann tatsächlich die Zeitung las. Die meiste Zeit las er allerdings nicht die *Süddeutsche Zeitung,* sondern das *Trostberger Tagblatt.* Die *Süddeutsche* las er nur am Samstag.

Meine Freundin hatte also nicht direkt gelogen, aber sie hatte mir ein idealisiertes Bild ihres Vaters gezeichnet, eines Mannes, der in Wahrheit fünf Tage die Woche das *Trostberger Tagblatt* las und nur am Wochenende die *Süddeutsche Zeitung*. Auch über ihren Bruder hatte sie mir falsche Hoffnungen gemacht. Von Berlin wollte er nichts mehr wissen und hatte nichts zu erzählen.

Das passte alles ins Bild. Die Entdeckung, dass der Vater die meiste Zeit kein Welt-, sondern ein Käseblatt las, ärgerte mich umso mehr, als ein Gespräch, das ich mit dem Vater über die *Süddeutsche* zu führen versuchte, nichts brachte. Seine Harmlosigkeit ging nun auch mir auf die Nerven und hätte mich zum Parteigänger seiner Frau gemacht, wäre sie nicht eine ganz und gar unmögliche Frau gewesen. Von P. trennte ich mich kurz später.

Heute sehe ich alles anders. Heute schäme ich mich, dass ich einen Menschen gering achtete, der mit dem *Trostberger Tagblatt* glücklich, jedenfalls fünf Tage die Woche nicht unglücklich war. War es nicht wunderbar, dass er am sechsten Tag seinen Horizont erweitern wollte und sich Zeit nahm für die *Süddeutsche?*

Es ist nun fast zwanzig Jahre her, dass ich den Vater von P. am späten Samstagnachmittag über der *Süddeutschen Zeitung* am Küchentisch gebeugt sehe. Heute ist einer wie er der ideale Zeitungsleser. Die Zeitung wird nur am Wochenende überleben, die *Süddeutsche Zeitung* hat viel Geld in ihre Samstagsausgabe investiert und sie rundum erneuert. Es gibt viel weißen Raum, die Seiten wirken aufgeräumt. Ich werde nicht recht warm mit der Samstagsausgabe der *Süddeutschen*, sie ist mir zu gewollt auf das Lesen am Sonntag ausgerichtet. Am Sonntag lese ich dann doch lieber gleich die Sonntagszeitung.

Anders als die *FAZ* ist die *Süddeutsche Zeitung* am Samstag noch fast so dick wie früher. Dicke Zeitungen sind eine Freude und ein Problem. Wie viele Gespräche habe ich nicht über die *Zeit* geführt, in denen es nur darum ging, wie wenig man letzten Endes aus dieser viel zu umfangreichen und zu großen Zeitung lesen kann.

Ist eine Zeitung zu umfangreich, kann sie zur Belastung werden. Anstelle des guten Gefühls, viele Möglichkeiten zur Lektüre zu haben, tritt das schlechte Gewissen. Anstelle der Freude einer Entdeckung, und das ist ja eigentlich, was eine Zeitung gewähren soll und was sie zu einem kleinen Abenteuer des Geistes macht, tritt die Last des Pensums. Das bestätigte mir der Dramatiker und Schauspieler Franz Xaver Kroetz, der mich in sein Haus am Stadtrand von München eingeladen hatte. Es ist das Haus, in dem seine Eltern gewohnt haben, am Zaun steht »Kroetz«, wo er mich heiter empfing und mich in die gute Stube bat, um mir einen Kaffee aus dem Kaffeedrücker zu servieren. Ein wenig ahnte man noch den Baby Schimmerlos, aber vor allem saß da ein freundlicher Kauz, der seine Boshaftigkeiten, die er immer noch gerne von sich gab, mit einem selbstironischen Gekicher begleitete. Die *Süddeutsche* am Samstag, das sei Stoff für vierzehn Tage, sagte Kroetz, er rege sich nur auf über die *Süddeutsche*, wenn er sie am Wochenende dann doch mal kaufe. »Ich erzähl Ihnen, was mein Nachbar macht, der sie immer kauft: Fritz, sage ich, was machst du denn damit eigentlich? Ach, ich les nur ganz wenig, der Rest geht gleich ins Altpapier, ich lese das *Streiflicht*, sagt der, dann den Sportteil bissl, dann München, dann geht's weg. Dich, Franzi, les' ich fei net, weil du bist im Feuilleton, gell.«

Hier nun muss man konstatieren: Selbst ein Franz Xaver Kroetz liest Zeitung fast nur noch online, ein Mann, von dem ich es einfach nicht erwartet hätte. Aber allein, weil eine Wendung wie »dich les' ich fei net« in der digitalen Welt verblasst, hielte ich es für einen großen Verlust, wenn die echte Zeitung schon jetzt, viel zu früh, aus der Welt verschwände. Ihr Ende wäre es nicht.

Es gibt ja gebildete Menschen, die noch nie in ihrem Leben eine Zeitung zum Lesen in der Hand gehalten haben und nichts vermissen und nicht dümmer sind. H. lebt mit seiner Frau E. in einer Doppelhaushälfte am Rand von Berlin. Wenn sie im Bett liegen, können sie die Wildschweine hören, die aus dem Tegeler Forst an die Gartenzäune kommen.

H. hat noch bei Heidegger gehört, bis zu seiner Pensionierung war er evangelischer Pfarrer, erst in Mannheim, dann in Berlin. Er liebt die deutsche Literatur, kann ganze Dramen von Schiller auswendig. Manchmal ruft er mich an und erzählt mir von einer erschütternden Lektüre, zuletzt war es

Böll. Sein Lieblingsschriftsteller ist Dürrenmatt, dem er in seinen eigenen Texten nacheifert. Seine Texte lesen sich immer ein wenig wie eine Parabel, sie fragen nach dem Sinn, verarbeiten existenzielle Erfahrungen. Die stärksten eigenen Erfahrungen hat er in den Bergen gemacht; von Sulden und dem großartigen Schweigen dort hat er mir erzählt, zusammen mit seiner Frau hören sie im Urlaub Hörbücher fast ohne Ende, letztes Jahr den Mankell, aus dem er auch wieder eine Erzählung geschmiedet hat, die er seiner Frau zum 75. Geburtstag vorgelesen hat.

H. hätte für seine Literatur gerne eine größere Öffentlichkeit, und mich beschleicht manchmal das schlechte Gewissen, dass ich nicht genug für ihn, den Geburtsblinden, mache, er braucht jemanden, der so etwas organisiert. Er ist das schlagende Beispiel, dass es keine Zeitung braucht. Er hört Radio und Fernsehen, das reicht ihm vollkommen, und seit das Internet zwar noch nicht barrierefrei, aber doch recht einfach zu bedienen ist, kann er die Zeitung auch im Netz über die Braillezeile lesen. Sich in ein Café zu setzen, um die Zeitungen zu lesen, ist nichts, was er vermissen könnte. Er vermisst anderes.

Immer schon haben mich Menschen angezogen, denen man das Zeitungslesen nicht unbedingt ansieht, Menschen, die aus der Rolle fallen, nicht tun, was die Soziologie ihnen vorschreibt: Der Abteilungsleiter eines großen Kaufhauses, der den *Freitag* liest, ein Handwerker, der nicht zur *Bild*-Zeitung greift, sondern zum *Spiegel,* ja sogar der versnobte urbritische Popmusiker, der sich mit einem *Corriere della Sera* in der Hand abbilden ließ, ist mir in diesem Zusammenhang lieb.

*Paul Weller liest den Corriere della Sera*

Die Clash waren meine Lieblingsband, ich mochte erst ihre rohe Energie, dann ihren Stilreichtum. Der Punkrock war ihnen bald zu beschränkt, sie entdeckten Dub und Jazz, alles Mögliche. Sie waren gut angezogen und ihre Texte radikal. Das Politische interessierte mich aber am allerwenigsten, ihre Parolen fand ich platt, aber rote Sterne, die auf schwarze Hemden genäht wurden, sahen halt gut aus. Als Joe Strummer am 22.12.2002 starb, das Datum kann man sich gut merken, gab es die Band schon viele Jahre nicht mehr. Ich hatte Strummer etwas aus den Augen verloren, aber ich wusste, dass sich der Punk und Poser fast wieder in den Straßenmusiker zurückverwandelt hatte, der er vor seiner Weltkarriere gewesen war.

Mit seiner Band The Mescaleros schrieb er gute Songs, die keine Hits sein mussten, sie hatten eine solide, aber nicht beängstigend große Anhängerschaft, ich kaufte mal eine neue CD, mal nicht. Strummer war ein Mann in den besten Jahren, dem ein paar schöne Stunden mit Freunden am Lagerfeuer mehr bedeuten, als der Erfolg, den er hätte haben können, wenn er die Clash wieder zusammengebracht hätte. Strummer, so hörte man (und sah es später in dem Film *The Future is unwritten*), war mit sich ins Reine gekommen, er brauchte billigen Ruhm nicht, seine frühere Arroganz war wie weggeblasen, er schien die Menschen zu lieben. Kurz und gut, er war bei sich selbst angekommen.

So ein Mensch soll, wenn er denn schon viel zu früh sterben muss, dort sterben, wo er sich wohlfühlt. Strummer ging, wie es hieß, »an einem Sonntag friedlich in seinem Haus in Broomfield im südenglischen Somerset«. Man wünscht sich, dass er auf dem Sofa lag und eine Zeitung las. Und so war es auch. Strummer las den *Observer*.

Was mag Joe Strummer im *Observer* gelesen haben? Um diese Frage zu beantworten, muss man abermals in ein Zeitungsarchiv gehen, der Jahrgang ist nicht digitalisiert. Das Archiv der Staatsbibliothek Berlin liegt in einem alten Getreidespeicher im Westhafen. Ich hätte auch ein anderes Archiv nutzen können, aber ich fahre gerne in den Westhafen, es ist eine Fahrt in eine andere Zeit. Am Westhafen gibt es keine Cafés mit Chai Latte, Touristen verlieren sich selten dahin, obwohl er schon fast einen musealen Charakter hat. Weite Teile des Geländes werden nicht mehr genutzt, viele Docks stehen leer. Wenn man aus dem U-Bahnhof kommt, weist ein Schild nach rechts zur Ausländerbehörde, ein anderes nach links zum Zeitungsarchiv der Staatsbibliothek. Folgt man diesem, kommt man bald an einem schmucklosen Zweckbau vorbei, in dem bis vor Kurzem noch die Schifferkirche untergebracht war, dann weitet sich der Blick auf die Kräne und die imposanten Lagerhallen mit den Klinkerfassaden. Bis zum Speicher, in dem das Zeitungsarchiv untergebracht ist, muss man recht weit gehen, es ist ein freies Gehen. Menschen trifft man wenige, die Kräne stehen still, die Lagerhallen scheinen leer.

Den *Observer* gibt es nur auf Mikrofiche. Ich muss ihn an einem umständlich zu bedienenden Gerät lesen. Die Geräte sind Schenkungen einer anderen Bibliothek, glücklich machen sie aber nur die Schenkenden, nicht den Beschenkten. Mein Gerät funktioniert nicht, auch das nächste nicht. Schließlich wird ein neueres Gerät frei.

Strummer starb wenige Monate vor dem Ausbruch des zweiten Irakkriegs. Der *Observer* vom 22. Dezember 2002 beschäftigt sich in einem guten halben Dutzend Artikeln mit dem drohenden Krieg. Ob Strummer der Deutung vom »Ölkrieg« gefolgt wäre? Als er noch bei den Clash war, hatte er einfache Parolen gegen den Krieg geschmettert. Sah er die Sache nun differenzierter? Konnte er vielleicht sogar der These von Elie Wiesel etwas abgewinnen, dass man Saddam stoppen muss? Und wie dachte er über die Gentechnologie, die vom *Observer* zur wichtigsten Sache des Jahres 2002 gekürt wurde? Beschäftigte ihn das überhaupt? Oder wurde er sentimental über den Streik der Fischer von Cornwall, die gegen die Senkung der Fangquoten durch die EU protestierten, und dachte er an die großen Streiks unter Thatcher und daran, wie alles anfing mit den Clash und dem großen Zorn von 1977?

Und dann stoße ich auf einen langen Artikel über Jarvis Cocker. Der Sänger von Pulp war mitsamt seiner Familie nach Paris gezogen. Joe Strummer konnte sich in dem Artikel in vielen Zügen selbst erkennen, ja, Cocker erscheint darin fast wie ein Doppelgänger. »Es ist schrecklich, wenn Leute sagen, dass sie glücklich sind«, sagte jener. »Aber nun, ich bin es. Ich bin nicht mehr so erfolgreich, wie ich war. Das ist angenehm. Ich kann in einen öffentlichen Bus steigen und mich oben auf den vordersten Sitz setzen. Nicht den goldenen Jahren des Brit-Pop nachtrauern. Wenn das passiert, dann musst du mich erschießen, klar?«

Und noch ein Artikel findet sich in jener Ausgabe des *Observer*. Er heißt schlicht »Über die Presse« und handelt vom Zeitungssterben und davon, dass die Leser der Zeitungen immer weniger und immer älter werden. Das war vor mehr als zehn Jahren. Es hat sich nichts geändert, außer dass die Artikel über das Zeitungssterben immer mehr werden.

Eine Ahnung, wie es kommen könnte, wenn die Geschichte der Zeitung ungünstig zu Ende geht, bekommt, wer in Berlin ins *Romanische Café* geht, oder besser in das, was sich heute *Romanisches Café* nennt. Das alte *Romanische Café* lag an der Gedächtniskirche, vor hundert Jahren verkehrten dort Gottfried Benn, Else Lasker-Schüler, Otto Dix, Irmgard Keun, die Berliner Kaffeehausintelligenz. Das, wie man hier getrost sagen kann, *sogenannte Romanische Café* will an diese Tradition anknüpfen, es liegt unweit des historischen Cafés im Erdgeschoss eines Hochhauses, des Zoofensters. Über dem Café residiert das *Waldorf Astoria,* ein Hotel, das man aus New York kennt.

Ich verbinde mit seinem Namen die Erinnerung an die zweite Frau meines Großvaters, die in den Fünfzigerjahren an der Kasse des *Waldorf Astoria* gearbeitet hatte, bevor sie in die Schweiz zurückkehrte, wo sie meinen Großvater heiratete. Trotz ihrer New-York-Erfahrung war diese Tante K. eine übertrieben reinliche Frau, die ihre Sitzgruppe mit Bettlaken abdeckte, wenn wir sie in ihrem kleinen Haus auf dem Berg besuchten.

Aber sie rauchte, und sie sprach von den »boys«, und wenn sie Fotos von uns machte, nie spontane Aufnahmen, immer Gruppenbilder, dann sagte sie, die sonst Schweizerdeutsch sprach, zu uns, die wir diese Aufnahmen hassten, »come on, smile, boys«.

Daran denke ich, wenn ich an das *Waldorf Astoria* denke, aber nichts von diesem Zauber wohnt dem *Waldorf Astoria* in Berlin inne, nichts dem *Romanischen Café* unter diesem Hotel, das nur den Namen mit dem alten *Romanischen Café* teilt. Gut, neben dem Eingang steht ein Zeitungsständer, an dem zwei traurige Ausgaben des *Tagesspiegel* hingen, als ich es ein einziges Mal betrat. Ich schnappte mir einen der beiden *Tagesspiegel* und fühlte mich sofort verdächtig. Außer mir gab es keine weiteren Zeitungsleser, dafür jede Menge falschen Marmor (oder auch echten, ich kenne mich da nicht aus); und wäre eines der Kuchenstücke, die man sich an der langen Vitrine aussuchen kann, auf den Boden gefallen, hätte man es aufheben und bedenkenlos essen können. Aber im *sogenannten Romanischen Café* fällt kein Kuchenstück auf den Boden.

Der Kellner ähnelte dem Komiker Kurt Krömer. Ich fragte mich, ob er sich dieser Ähnlichkeit bewusst war, und fühlte mich noch verdächtiger. Obwohl ich eigentlich einen Kaffee trinken wollte, bestellte ich Darjeeling-Tee, und zwar nicht einfach eine Tasse, sondern gleich ein Kännchen, so als müsste ich mich für meine Anwesenheit und meine stumme Renitenz selbst bestrafen. Dann versuchte ich, im

*Tagesspiegel* eine Geschichte über die Gasversorgung in Berlin zu lesen, aber es fiel mir schwer, mich zu konzentrieren, die Gasversorgung in Berlin ist eine vertrackte Sache.

Früher hätte ich nun eine geraucht, und ich erinnere mich, wie sich Tante K. freute, wenn sie mich rauchen sah, und noch als ich sie im Altersheim besuchte und sie schon ordentlich durch den Wind war, fragte sie mich, ob ich denn immer noch rauchte, und obwohl ich es da längst aufgegeben hatte, sagte ich, ja Tante, ich rauche immer noch, allerdings light.

Obwohl ich das Rauchen also vor Jahren aufgegeben habe, würde es mich freuen, wenn man im *Romanischen Café* rauchen dürfte. Man darf natürlich nicht. Theoretisch darf man immerhin Bücher lesen, in den Regalen zwischen den großen Fenstern liegen Coffee Table Books, die vermutlich noch nie in die Hand genommen wurden. Vielleicht ginge sogar die Alarmanlage an, wenn man so ein Buch packte. Ein Fresko an der Decke zeigt, wie man sich das Café vorzustellen hat: mondäne Männer mit Krawatten und Scheiteln im Gespräch mit mondänen Frauen mit Hüten und, wie ein Hohn auf das Rauchverbot, Slim-Zigaretten.

Der Blick geht aus einem großen Fenster auf das Bikini-Haus, einen eleganten, lang gezogenen Bau aus den Fünfzigerjahren, der komplett renoviert und vor noch nicht so langer Zeit wiedereröffnet wurde. Im Inneren dominiert der Vintage-Stil, an der Fassade steht: »Shop different. Berlin's new concept mall«. Ladenpassagen sind eine Sache, Ladenpassagen, die sich »concept mall« nennen, eine andere. Mit den Ladenpassagen habe ich meinen Frieden geschlossen, aber in einer Welt, in der Ladenpassagen »concept malls« heißen, möchte ich nicht leben.

Nun wird man einwenden, dass das *Romanische Café* eine Touristenfalle ist und man von solchen Touristenfallen auf nichts schließen kann, weil sie exakt das nicht sind, was sie vortäuschen: ein Ort voller Geist und Geschmack.

Aber das wäre zu einfach, denn ich konnte in dieser Touristenfalle keine Touristen entdecken. Tatsächlich trank eine alte Frau in sich versunken ihren Tee unter dem Fresko, und die wenigen anderen Gäste schienen mir auch eher eingesessene Westberliner zu sein.

Der Grund, es sich mit der Kritik nicht zu einfach zu machen, liegt also an den Menschen im *Romanischen Café,* die interessanter sind als der belanglose Ort, an dem sie sich befinden. Es gibt solche Menschen an fast jedem Ort, und sei er noch so trostlos, in jedem Backshop und in jeder Mall in jeder Stadt dieses Landes, sie führen einen stillen, ihnen selbst vielleicht gar nicht bewussten Kampf gegen die Würdelosigkeit ihrer Umgebung, und manchmal lesen sie dabei auch eine Zeitung.

Können sie nicht einfach aufhören zu kämpfen? Nein, denn im Gegensatz zu den Orten, an denen sie sind, haben sie eine Geschichte.

In meinem Rücken unterhielten sich zwei ältere Damen. Ich schnappte das Wort »Gamaschen« auf. Es ging um eine Freundin, die noch in ihrem Haus wohnt, aber ins Heim gehen sollte, und diesen Schritt wie alle alten Menschen, die zu Hause wohnen, aber ins Heim gehen sollten, hinauszögert. Irgendeinmal fielen die Wörter *Die Ringe des Saturn,* die beiden Damen mussten über den Schriftsteller W. G. Sebald gesprochen haben, der einen Roman mit diesem Titel geschrieben hat, allerdings erschloss sich mir der Zusammenhang nicht.

Als dann von einer Perserin die Rede war, musste ich an die Perserin in Thomas Bernhards Erzählung *Ja* denken. Gemeint war aber die Frau eines Chefarztes, die neulich im Garten stand, und von der Frau, die im *Romanischen Café* das Wort hatte, kaum wiedererkannt worden sei. Die Perserin habe alt ausgesehen, sagte die Frau, sei in Wahrheit aber bestimmt zehn Jahre jünger als sie selbst. Da siehst du, wie gut *ich* mich gehalten habe, wollte sie also eigentlich sagen.

Während das Gespräch zu einer Augenkrankheit überging, die Rede war von einem »vorgeschädigten Auge«, ein Ausdruck, den ich noch nie gehört hatte, tat ich so, als würde ich Zeitung lesen. Zeitungslesen ist eine hervorragende Tarnung für den Menschenbeobachter, man kann sich kaum besser tarnen, als sich hinter einer Zeitung zu verstecken und den Zeitungsleser zu mimen, man kann dabei sogar notieren, was man gehört hat, der andere glaubt ja, dass man eine interessante Stelle aus dem Zeitungsartikel abschreibt, wenn er sich überhaupt etwas dabei denkt. Auch diesen Vorteil könnte man zur Rettung der Zeitung anführen, aber dazu müsste erst der Sinn fürs Menschenbeobachten wieder gestärkt werden, am besten schon in der Schule.

Dann aber nahmen die Dinge im *Romanischen Café* eine Wendung. Der zweite *Tagesspiegel* wurde von einer Frau vom Ständer gegriffen, die sich damit an einen Tisch am Fenster setzte, wo ihr Begleiter saß, vielleicht ihr Mann, es war nicht ganz klar. Jedenfalls kam er mir bekannt vor, es schien mir, als habe ich ihn vor ein paar Jahren öfter in den Talkshows gesehen. Er war etwa sechzig Jahre alt, hatte noch relativ volles, weißes Haar und einen großen, länglichen Kopf, der ihm etwas Kindisches verlieh, das durch ein spöttisches Lächeln zugleich abgeschwächt und betont wurde. Auf den Namen kam ich nicht.

Woher kannte ich bloß dieses Gesicht? An das Zeitungslesen war nicht mehr zu denken. Ich musste das Café verlassen.

Später kam ich drauf, der Mann im *Romanischen Café* war Werner Müller. Ich ergoogelte ihn: ehemaliger Bundesminister für Wirtschaft und Technologie, heute im Vorstand der Deutschen Bahn sowie im Vorstand von weiteren Unternehmen, kein Mitglied der SPD, sondern parteilos, von Schröder ernannt. Mit seinem süffisanten Lächeln hat er die kleinen Passagen quittiert, die ihm seine Begleiterin, vielleicht seine Frau, aus dem *Tagesspiegel* vorlas. Genauer gesagt, hatte sie ihm nicht aus dem *Tagesspiegel* selbst vorgelesen, sondern aus dessen Beilage zur Fußballweltmeisterschaft, die von den *11 Freunden* verantwortet wurde.

Die beiden machten einen zufriedenen Eindruck. Was können zwei Menschen, die schon lange zusammen sind, sagen wir Eheleute, Schöneres machen, als in ein Café zu gehen, um die Zeitung zu lesen und sich ein wenig daraus vorzulesen? Zur Not ist das sogar im *Romanischen Café* möglich, auch wenn hier nichts an jene betörende Szene aus Christoph Meckels Erzählung *Licht* erinnert, in der zwei Liebende vor einem Café an einer staubigen Küstenstraße die Zeitung lesen, sie lesen sie im heißen Wind, der die Seiten flattern lässt, bis die Zeitung wegfliegt und die Frau ihr nachrennt.

Besser geht das Zeitungslesen natürlich in den alten Cafés und Salons des Ostens, zum Beispiel im *Grand Hotel de Londres* in Istanbul. Das Spätnachmittagslicht fiel matt auf die schweren dunklen Schränke, die tiefroten Teppiche und die abgelebten Plüschsofas. Die meisten dieser Sofas blieben frei, auf einem aber saß ein grau melierter Mann, der die Zeitung las. Es war eine Ausgabe der *Radikal*, einer kleinen, aber renommierten linksliberalen türkischen Zeitung, der eine Weile lang Orhan Pamuk als Chefredakteur vorgestanden hatte und die jetzt unter Erdoğan zu leiden hat.

Unser Zeitungsleser hätte ein Türke sein können, aber auch ein Engländer oder ein Deutscher. Genau war das nicht zu erkennen. Was war sein Beruf? Kam er hierher, um in Ruhe zu lesen, oder wartete er auf jemanden? Wenn ja, auf wen wartete er (vielleicht auf Pamuk)? Wie sieht er das Verhältnis von Türkei und Europa?

Von selbst drängten sich Fragen auf, die in die kosmopolitische Sphäre weisen. Das Kosmopolitische scheint von der Idee der *Weltblatts* kaum trennbar zu sein. Wir tauchen in die kosmopolitische Sphäre ein, wenn wir in New York die *New York Times,* in Paris *Le Monde,* in Mexico City *La Jornada* oder in London den *Guardian* kaufen, aber wir bleiben außen vor, wenn wir egal wo in der Welt in einem Internetcafé sitzen und *Spiegel Online* checken. Dann erleben wir die Globalisierung.

Die Globalisierung zerstört die Milieus, das Kosmopolitische transzendiert sie. Die meisten Zeitungen werden schon in bestimmten Milieus gelesen, und man konnte lange Zeit ein Milieu ganz gut umreißen, wenn man die Zeitung nannte, die in ihm gelesen wurde. Er liest die *taz*, sagte man, und sofort entstand ein kleines Genrebild: Vielleicht Taxifahrer, abgebrochenes Studium, macht sich Sorgen um die Welt und um sein Standing bei Frauen (zu machohaft? zu weich? vermutlich beides zugleich), und wenn er nach seinem Glauben gefragt wird, sagt er vorsorglich: Agnostiker. Was schließlich den sagenhaften Hedonismus angeht, ist ihm wichtig, dass er den Rotwein kennt, den er trinkt, und der Kaffee aus fairer Produktion kommt und doch gut schmeckt.

Unser Mann könnte auch die *Frankfurter Rundschau* gelesen haben, aber der Briefträger, der die Post in Mariendorf an einem kleinen Vorgarten vorbei ins Reihenhaus trug, der las die »Mottenpost«, und die *Welt* wurde, wenn überhaupt, von Menschen gelesen, die schon früh keine Hemmungen hatten, mit einem Rollkoffer unterwegs zu sein. Es wäre eine Studie denkbar, die anhand der Entwicklung der *Welt* die Erosion der Milieus überhaupt dokumentieren könnte.

Aber noch existieren manche dieser Milieus, und ich traue mir zu, einen *Tagesspiegel*-Leser zu erkennen, auch wenn der seine Zeitung gerade nicht in der Hand hält. Er sieht in meiner Phantasie immer ein wenig wie Harald Martenstein aus, wenn er ein Mann wäre. Bei der *Tagesspiegel*-Leserin bin ich mir nicht ganz sicher. Aber dieses dann doch: Zwar sah ich sie nicht, und doch konnte ich mir nichts anderes vorstellen, als dass die Dame, die im *Romanischen Café* saß, eine Leserin des *Tagesspiegel* war. Bestimmt wohnt sie in einer Villa in

Zehlendorf, mit drei oder vier hohen Tannen auf dem Grundstück, eine davon eine Blautanne, von uns »Nazitanne« genannt.

Eine Zeitung wird alles tun, um ihre treuen Leser nicht vor den Kopf zu stoßen. Andererseits muss sie versuchen, neue, junge Leser an sich zu binden, die dann vielleicht aus einem anderen Milieu kommen, oder aus gar keinem fest umrissenen mehr. Zu diesem Zweck wurden Stilseiten eingeführt, die Pop-Berichterstattung im Kulturteil ausgeweitet und der »Infokasten« erfunden. Zu viele Verstehenshilfen sind der Tod des leidenschaftlichen Zeitungslesens: Als der *Tagesspiegel* vor vielen Jahren die Seite zwei in eine Seite namens »Fragen des Tages« umwandelte, kühlte meine Liebe merklich ab, bald erlosch sie fast ganz und glomm erst in letzter Zeit wieder auf.

In diesen »Fragen des Tages« wird das weltpolitische Tagesgeschehen so abgehandelt, dass es ein Drittklässler versteht. Aber ein Drittklässler fühlt sich auch durch einfachste Erklärungen nicht angezogen, er fühlt sich von einer Zeitung sowieso nicht angezogen, man kann nur hoffen, dass er später irgendwie zu ihr findet. Zeitungen sind für Erwachsene, nicht für Kinder, und wenn sie für Kinder sind, heißen sie Kinderzeitungen.

Die Seite »Fragen des Tages« im *Tagesspiegel* ist eine der deprimierendsten Erfindungen im Zeitungswesen, die ich kenne. Sie steht für den Trend zur totalen Verständlichkeit. Kein Rest an Fremdheit soll bleiben, es könnte die Leser abschrecken. Vor lauter Angst, den Leser anzustrengen, vergisst man, ihn *anzuregen*, man muss fürchten, dass die *FAZ* eine so wunderbare Seite wie »Ereignisse und Gestalten«, eine Bleiwüste im allerbesten Sinn, über kurz oder lang abschafft oder bis zur Unkenntlichkeit verändert, jedenfalls aber ihren schrulligen Namen mit dem Argument ändert, dass sich der Leser darunter nichts vorstellen könne.

Ich erinnere mich genau, dass der Gesellschaftsteil der *FAS* erst korrekt »Gesellschaft« hieß, dann in »Leben« umgetauft wurde. Das heißt aber nicht, dass es sich um einen »Lebensteil« der Zeitung handelt. Schon eher wäre die Sache korrekt mit »Todesteil« überschrieben, bedeutet doch das Sperrige, Vielgestaltige das Leben und deren Vernichtung den Tod.

Statt den Leser öfter mal zu fordern, wird er lieber unterfordert, es heißt, man müsse ihm die »Zugänge« erleichtern, als handele es sich um einen Menschen mit einer leichten Behinderung. Wer tatsächlich behindert ist, blind zum Beispiel, braucht in der Tat eine barrierefreie Zeitung im Internet, eine Seite mit den »Fragen des Tages« braucht er nicht.

Nun muss man sagen, dass Zeitungen ihren Lesern in der Regel sowieso nicht viel zutrauen: der Leser weiß wenig, er versteht keine Ironie, Zusammenhänge müssen ihm sehr einfach erklärt werden, und er muss immer irgendwo ein Bild sehen, sonst wird er unruhig. So ungefähr denken sie. Sie stellen sich den Leser als großes Kind vor: etwas begriffsstutzig, dabei nicht gutmütig, sondern reizbar und schnell beleidigt, das Abo praktisch schon gekündigt. Diese Vorstellung kommt natürlich nicht von ungefähr. Es gibt diesen Leser tatsächlich. Der Zeitungsmacher lernt ihn kennen, wenn er einen Leserbrief schreibt (früher), und heute, wenn er seine Kommentare unter den Artikeln abgibt, es sind oft sehr dumme Kommentare.

Aber sowenig man aus den Fragen, die einem Schriftsteller nach einer Lesung gestellt werden, auf die Intelligenz seines Publikums schließen sollte (denn es ist praktisch immer die penetranteste Person im ganzen Raum, vielleicht aber auch nur die einsamste, die nach einer Lesung eine Frage stellt, auf die der Schriftsteller und die anderen Zuhörer nur mit Scham reagieren können), sowenig sollte man von den Leserbriefschreibern und Kommentatoren auf die Leser einer Zeitung schließen. Leider sind die angenehmsten, klügsten Leser nicht immer, aber oft, die schweigsamen, sie kommentieren nicht, sie schreiben keine Leserbriefe.

Wahr ist allerdings auch, dass sich unzählige Menschen ihrerseits über die Beschränktheit und Dummheit ihrer Zeitung ärgern, ohne das jemals publik gemacht zu haben. Allein bei den Lokalblättern dürfte die Zahl der Verärgerten in die Millionen gehen, ich selbst werde jedes Mal Zeuge, wie sich mein Vater oder meine Mutter über das *Tagblatt* ärgern, wenn ich bei ihnen zu Besuch bin. Sie sind keine studierten Menschen, aber die Abgeschmacktheit einer Überschrift oder eine ungelenke Formulierung entgeht ihnen auch im fortgeschrittenen Alter nicht, und sie weisen mich, den »Germanisten«, auf die Dummheiten hin. Dabei sind sie leicht aggressiv, so als sei ich irgendwie mitschuldig an ihrem Ärger. Aber sie lesen das Blatt natürlich doch. Die Menschen bleiben ihrer Zeitung treu, nicht *obwohl* sie sich ärgern, sondern *weil* sie sich ärgern.

Es ist traurig, wie wenig die Verlage den Lesern vertrauen und wie feige sie um Abonnenten werben. Kaum einer glaubt noch an den Stolz des Lesers auf sein Abo. Gelockt wird ja meist gar nicht mit der Zeitung selbst, und wenn, dann mit einer seltsamen Vorstellung des Zeitungslesens, so heißt es in der Werbung der *Zeit* nicht »lesen Sie die Zeit«, sondern »*erleben Sie die*

Zeit«, als genüge das Lesen selbst nicht, sondern nur ein hochsinnliches, ganzheitliches Erlebnis, im Grunde genommen ein Wellnesswochenende.

Diese Verbrämung des Zeitungslesens ist allerdings immer noch ein hochkultureller Akt, wenn man sie mit dem Kerngeschäft der Abowerbung vergleicht: Toaster, Fernseher oder ein Füller der Marke Faber Castell. Unübertroffen nur, was mir ein Freund erzählte: Beim *Tagesspiegel* brauchte er nur mit der Kündigung des Abos zu drohen, und schon hatte er 200 Euro auf dem Konto.

Ich muss meinen betagten Eltern allerdings auch sagen, dass sie von den Zeitungsmachern allgemein verachtet werden. Zwar werden die Zeitungsleser immer älter, aber in kompletter Verdrehung dieser Tatsache versuchen die meisten Zeitungsmacher, ihre Zeitungen immer jünger zu machen. So als würden sie sich das ZDF zum Vorbild nehmen, das, wie man weiß, fast nur noch von Rentnern geschaut wird, die aber von diesem Sender und seinen Verantwortlichen nie offen als Zielgruppe angesprochen werden, gleich gar nicht mit Stolz und dem Ziel, ihnen den Abschied vom Leben so schön wie möglich zu gestalten, notfalls mit Volksmusiksendungen. Diese Menschen würden in eine Verzweiflung sondergleichen gestürzt, wüssten sie, wie sehr man sie, die doch die treusten Zuschauer sind, verachtet. Und wenn man sie nicht verachtet, dann schämt man sich für sie.

Vermutlich ist die Verachtung für die älteren Leser bei den Lokalzeitungen noch am geringsten. Eher dürfte man sie dort fürchten, denn ihnen entgeht ja nichts. »Was die Lokaljournalisten schreiben, wird genau gelesen, und wehe sie schreiben etwas Falsches, das kriegen sie sofort zu spüren. Man kennt sich ja«, sagt Professor Schütz, der nicht nur ein profunder Kenner der deutschen Pressegeschichte ist, sondern auch ein passionierter Leser von Lokalzeitungen.

Natürlich lächle auch er über Stilblüten, sagt er, aber viel wichtiger sei der Mut, den ein Lokaljournalist brauche und der den Mut eines Hauptstadtjournalisten bei Weitem übertreffe. Der Hauptstadtjournalist kann in die Anonymität abtauchen, der Lokaljournalist nicht. Es steht im Blatt, sage man auf dem Land, sagt Professor Schütz, mit dem ich mich in der *Deponie* treffe, wo wir uns von 17.00 Uhr bis 18.30 Uhr unterhalten, bevor jeder wieder seiner Wege geht. Die *Deponie* ist ein rustikales, auf alt gemachtes Lokal in einem S-Bahn-Bogen bei mir in der Nähe, nichts Besonderes. Aber wir treffen uns gerne hier, an der Wand hängen alte Zeitungen, es tut nichts zur Sache.

Professor Schütz ist der einzige passionierte Zeitungsleser, den ich kenne, der mir nicht auch von Verachtung und Hass getrieben scheint. Er ist ein großer Zeitungsliebender, dem auf meine Frage, welcher Schreiber ihn zur Weißglut treibe, kein Name einfällt, und der schon überlegen muss, bis er auf einen kommt, dessen Texte er nicht ausstehen kann.

Wenn ich Zeitungsliebender

sage, meine ich auch dieses: Viele Jahre lang war Professor Schütz der Einzige, der mir geschrieben hat, wenn ihm ein Artikel aus meiner Feder gefiel, und mich damit, kaum übertrieben, *gerettet* hat. Bestimmt hat er auch andere mit seinen Zeilen, die die Zeilen eines wahren Lesers sind, gerettet. Seine Lieblingsschreiber (unter den Lebenden sind) sind: Cord Riechelmann, Lothar Müller, Jürgen Kaube.

Professor Schütz ist natürlich nicht nur ein passionierter Zeitungsleser, sondern auch ein Zeitungssammler. Allerdings hat auch er sich gewandelt. Den *Tagesspiegel* liest er immer noch am Tisch, die anderen Zeitungen digital auf dem Reader. Wie er es macht, hat er mir erklärt. Es erinnerte mich an das Sammeln von CDs oder an eine Sammlung von Songs auf dem iPhone. Mit dem Zeitungssammeln hat sein Verfahren nichts mehr zu tun. Es ist nur eine weitere Episode in der Erzählung von der Entstofflichung der Welt.

Als Gymnasiast habe er angefangen, die *Zeit* zu lesen, sagte Professor Schütz. Bald aber habe er sie nicht nur gelesen, sondern auch einen Leserbrief verfasst, in dem er einen Artikel kritisierte, der viel zu nachsichtig mit dem NPD-Politiker Adolf von Thadden umgegangen war. 1969 müsse das gewesen sein, sagte er.

Professor Schütz wollte den Leserbrief zu unserem nächsten Treffen in der *Deponie* mitbringen, irgendwo habe er ihn aufbewahrt. Aber er ist unauffindbar, und so folgt an dieser Stelle kein Abdruck des Leserbriefs von Erhard Schütz an die *Zeit,* sondern ein Foto von diesem selbst, das ich mit meinem Handy vor der *Deponie* gemacht habe:

*Erhard Schütz vor der Deponie*

Jener unauffindbare Leserbrief war natürlich ein Signal an die Welt. Die großen Zeitungen waren Vorboten der weiten Welt, wer sie las, fühlte sich ihr schon ein wenig zugehörig. Bei mir war es der *Spiegel,* den ich am Bahnhofskiosk kaufte, und bald schon imitierte ich, wie tausend andere, in meinen Aufsätzen den *Spiegel*-Jargon, den es heute nicht mehr gibt, aber das ist nun wirklich kein Verlust, denn dieser Jargon machte Generationen von halbwegs intelligenten Männern zu billigen Drüberstehern. Und manchmal las man auch in der Lokalzeitung einen ambitionierten Sound, ja heute noch ragt zwischen den Artikeln gelegentlich einer heraus, der in einer der großen Zeitungen der Welt stehen könnte, aber das ist nun wirklich nicht der Grund, warum wir, wenn wir längst woanders leben, zur Lokalzeitung greifen, wenn wir die Unseren besuchen, vielmehr holen wir uns mit der Lokalzeitung ein Stück Heimat zurück und freuen uns, wenn wir die Namen der Ortschaften lesen, die da waren, da sind und da bleiben: Siselen, Brüttelen, Finsterhennen. Dachstockbrand, Geschäftsaufgabe, Ernteausfall.

Als ich letzten Winter meine Eltern besuchte, las ich in der Zeitung vom Tod des Leiters der Mühle Hunziken. Die Mühle Hunziken hatte mich jahrelang begleitet, besser gesagt, ihr Name, der durch die Konzertankündigungen im Radio geisterte, ich war nie dort. Die Mühle liegt hinter Bern, auf dem Weg ins Oberland, weltberühmte Jazz- und Weltmusiker wie Chet Baker, Astor Piazzolla oder Screamin' Jay Hawkins sind dort aufgetreten. Dies war dem langjährigen Leiter der Mühle zu verdanken, der nun also gestorben war, und zwar in der Provence, wohin er sich nach einem langen Rechtsstreit zurückgezogen hatte. Man hatte die Stimmen der lokalen Prominenz eingefangen; zwischen den Zeilen konnte man lesen, dass dieser Impresario zwar ein Tausendsassa, aber kein einfacher Mensch gewesen war. Am schönsten fand ich aber diese Stelle aus einem längeren Nachruf im *Kleinen Bund:*

»Noch am 23. Dezember hatte er ein neues Bild von sich auf die Social-Media-Plattform Facebook gestellt. Seit Langem lächelte der Mühli-Pesche wieder. Kein verschmitztes oder zynisches Lächeln. Nein, ein ganz friedliches und entspanntes. Gemeinhin wurde das als Zeichen gewertet, dass er nun endlich anfange, das Leben zu genießen, nach langen Jahren des Kämpfens um sein Lebenswerk – die Mühle Hunziken. Zwei Tage später war er tot.«

Es sind solche Geschichten, an die Thomas Bernhard gedacht haben mag, als er betonte, wie sehr die Zeitung dem Schriftsteller beim Finden seiner Stoffe helfen kann. Man möchte meinen, dass dies eine selbstverständliche Haltung für einen modernen Schriftsteller ist. Sie ist es nicht. Der andere, Peter Handke, mochte die Zeitungen nicht, er mag sie vielleicht bis heute nicht. Als Handke jung war, scheute er die Zeitung so sehr, dass er einen Aufenthalt in New York erst genießen konnte, als dort während eines Streiks keine »Weltblätter« mehr erschienen, sondern nur noch ein dünnes Blatt namens *City News*.

Handke sah in der Zeitung nur die Zerstreuung, die Ablenkung vom Wesentlichen. Es empörte ihn, dass ein bekannter Schriftsteller, den Namen nannte er nicht, noch im Sterben wissen wollte, was im Kulturteil stand. Die Freunde mussten ihm in den Todeskampf hinein berichten, wie diese oder jene Neuerscheinung besprochen worden ist.

Aber auch bei Handke wird man einen Einfluss auf das Schreiben feststellen. Die moderne Literatur ist ohne die Zeitung nicht denkbar; und man muss nicht mal an *Ulysses* von James Joyce denken, ein Werk, das der Zeitung alles verdankt, wie Hanns Zischler in einer Studie nachgewiesen hat. Nein, man kann gleich bei Handke selbst anfangen, denn natürlich las auch er die Zeitung, und er las sie wie Bernhard natürlich auch in den Wirtshäusern, und wie bei Bernhard hatte sie natürlich einen Einfluss auf ihn, auch wenn er vielleicht nur darin lag, dass Handke so zu schreiben versuchte, wie in der Zeitung nicht geschrieben wird.

*Zeitungslesen im Wirtshaus* heißt seine Abrechnung mit dem Zeitungslesen, oder vielmehr sein Bekenntnis zu einer unglücklichen Passion: »leidend an einer Sucht, die daneben nicht einmal Lust war«. Es war ein namenloses, aber ganz bestimmtes Wirtshaus in Salzburg, in dem Handke vor vielleicht dreißig Jahren unglücklich die Zeitung las und über sein Unglück nachdachte. Ich schrieb ihm einen Brief und fragte nach dem Namen des Wirtshauses. Hier seine Antwort:

am 27. März 2015

Lieber Herr Angele,

fast spät antworte ich, "unverwundbar", Aber doch: das Gasthaus am Fluß, der Salzach, hieß (oder heißt noch?) "Zur Überfuhr" — Mein "Zeitungsleseverhalten" wird gestreift oder behandelt in nicht wenigen meiner (anfänglichen) Journalbüchern.
        Alles Gute für Ihr Vorhaben —
              Peter Handke

Man müsste von Peter Handke, der mit seinen drei oder doch vier *Versuchen* eine ideale Form für seine Prosa gefunden hat, einen *Versuch über die Zeitung* einfordern. Sein bezaubernder *Versuch über den stillen Ort*, von dem man annehmen könnte, er sei insgeheim auch ein kleiner *Versuch über die Zeitung*, ist es nicht. Die Zeitung kommt in diesem *Versuch* nicht vor, dabei ist das Klo der Ort, der einem schließlich dann auch noch einfällt, wenn man an die eigene Geschichte des Zeitungslesens denkt.

Es verstimmt mich, wenn ich auf ein fremdes Klo gehe und keine Zeitungen vorfinde, selbst wenn Bücher da liegen. Aber Bücher liest man in der Badewanne, auf dem Klo liest man Zeitungen oder Zeitschriften. Ein Sonderfall ist die Beilage, die viele Menschen neben das Klo legen, in der Annahme, dass die Beilage einer Zeitung weniger rasch veraltet als die Zeitung selbst.

Früher wohnte ich bei T., wenn ich in B. war. T. unterrichtete damals an einer kleinen Universität, am Abend hörte er *Das Echo der Zeit*, am Morgen las er die *NZZ*, die er abonniert hatte; auf die beiden Zeitungen seiner Stadt blickte er mit einer ebenso großen Verachtung wie auf den örtlichen Fußballklub, dem er die Bundesliga vorzog. Auf dem Klo lag nun aber eben nicht die *NZZ*, sondern die Beilage der *NZZ*, das *NZZ-Folio*. Es lagen immer mehrere Ausgaben des *NZZ-Folios* auf dem Boden neben der Kloschüssel. Aber all die Male, in denen ich bei T. wohnte, habe ich keinen einzigen Artikel aus dem *NZZ-Folio* zu Ende gelesen, meistens habe ich noch nicht einmal darin geblättert, sondern auf die Wand gestiert, wo eine farbenfrohe Fotografie von Kim Il-sung hing.

Beilagen gehören zwar aufs Klo, wo sie dann aber nie, oder nur sehr selten gelesen werden, ein Schicksal, das sie, wie ich annehme, mit der Zeitschrift *Mare* teilen, die zu den großen ungelesenen Presseerzeugnissen gehört. Dabei fängt das Zeitalter der ungelesenen Zeitungen und Zeitschriften doch gerade erst an, mag die Zeitung auch sterben, das *corporate publishing* wird immer beliebter. Jede Uni, jedes Theater hat eine eigene Zeitschrift, eine weitgehend ungelesene Zeitschrift, muss man hinzufügen, die allerdings eine gute Verdienstmöglichkeit für Kulturjournalisten ist, bemisst sich doch die Honorierung eines Artikels umgekehrt proportional zu seiner Wahrnehmung.

Als müsse man die Autoren dafür entschädigen, dass sie nicht gelesen werden.

Ein weiteres Kapitel in der ungeschriebenen Geschichte der Klolektüre müsste sich schließlich mit der Knappheit beschäftigen; wie oft saß man nicht auf dem Klo und las eine Zeitung, die da seit Wochen lag und also in ihrem Inhalt bekannt war. Man las also einen Artikel wieder und wieder, *studierte* ihn, der gar nicht für ein solches Studium gedacht war, sondern einfach zur schnellen Lektüre. Oft war es ja gar nicht die ganze Zeitung, sondern nur ein Teil, der Sportteil etwa, den einer aufs Klo mitgenommen hatte, oder auch nur ein Teil dieses Sportteils, wenn die Zeitung nämlich für einen anderen, naheliegenden Zweck gebraucht wurde.

Mit meinen Thomas-Bernhard-Studien kam ich dagegen nicht wirklich weiter. Schließlich kam mir Harald Schmidt in den Sinn, er schien mir der würdige Nachfolger von Thomas Bernhard als Zeitungsleser. Vor vielen Jahren hatte ich ein Interview mit ihm in Köln geführt. Er empfing mich aufgeräumt und zuvorkommend. Zum Einstieg ins Gespräch befragte er mich über die ihm fremde Mode des Bloggens, die nun auch bei den ARD-Senderchefs angekommen sei, und er wollte diese oder jene Personalie aus dem Zeitungsgeschäft bestätigt haben. Das Gespräch ging dann länger, als die Kassette Platz hatte, ich brauchte nur die Stichworte zu geben, und er legte los, am Schluss waren wir, so dachte und irrte ich mich, Freunde und verabredeten uns zu einer Reise durch den Schweizer Jura, wo wir in einem Landgasthof einkehren wollten, in dem ein Wirt mit ungesunder roter Gesichtsfarbe bedient und man durch die Küchentür ein sehr seltsames Mädchen werkeln sieht, vermutlich die Tochter des Wirts, vermutlich inzestuöser Hintergrund. Zu dieser Reise ist es nie gekommen.

Es ist auch nie zu einer weiteren Begegnung gekommen. Sämtliche meiner Anfragen wurden von seiner freundlichen Seele, Frau K., abschlägig beantwortet, das Bedauern war stets groß, die Worte warm. Auch das Gespräch über die Zeitung kam nicht zustande. Harald Schmidt lehne alle Anfragen ab, schrieb Frau K., er konzentriere sich ganz auf sein neues Bühnenprojekt. Ein paar Tage später las ich irgendwo, dass man ihn für 150 000 Euro buchen kann.

Immerhin bekomme ich nun einen Pressetermin bei Peymann. Man müsse sich zwischendurch treffen, Herr Peymann sei sehr beschäftigt, kurz vor der Sommerpause stünden noch zwei Premieren an. Eine dritte war gerade ein paar Tage alt: »Kafkas Prozeß«. Ich bin in den *Prozess* gegangen, um Peymann notfalls sagen zu können, wie gut mir der Roman in seiner Bearbeitung gefallen hat. Aber er hat mir gar nicht gefallen. *Der Prozess* ist ein Roman von Franz Kafka, der sich im Kopf des Lesers abspielt, es ist schier unmöglich, ihn auf die Bühne zu bringen, das weiß ich nun sicher. Der ganze Aberwitz geht verloren, und überhaupt alles, was nicht dramatisch ist, sondern Text, Literatur.

   Als ich Peymann treffe, komme ich zum Glück nicht in Gefahr, heucheln zu müssen. Der *Prozess* ist ebenso wenig ein Thema wie ein roter Fleck auf meiner Nase, der von einem Döner kommt, den ich in der Eile gegessen habe und später dann bemerke. Selbst, dass ich tropfnass bin vom Platzregen, der Peymann doch nicht entgangen sein konnte, ist ihm keine Bemerkung wert.

   Peymann fragt nichts und sagt nichts (zu meiner Person). Er fängt einfach an zu sprechen.

»Fangen wir an, also ich bin ein ausgesprochener Zeitungsmensch, das verbindet mich mit Thomas Bernhard. Es gehört zu meinen schönsten Erinnerungen, dass wir im Rathauscafé von Gmunden, ein nettes Kleinstädtchen am See, schweigend zusammen die schrecklichen österreichischen Zeitungen gelesen haben. Und wie wir uns gefreut haben, wenn der Traunsee auf der Titelseite von der *Kronen Zeitung* war, was öfter geschah, weil am Traunsee eine Fernsehserie gedreht wurde. Es war mir das größte Vergnügen, wenn wir uns an den sogenannten Naturschönheiten des Salzkammergutes erfreuen konnten.

Mit einer gewissen Reduktion bin ich immer noch ein Zeitungsmensch. Bis vor Kurzem habe ich im Schnitt zehn bis fünfzehn Zeitungen am Tag gelesen, die ich in mein Mietshaus in Köpenick bekomme. Das hat sich reduziert. Auch ich merke natürlich, dass die

Zeitungen mehr und mehr fusionieren. Warum soll ich einen Kritiker von der *Berliner Zeitung* auch noch in der *Frankfurter Rundschau* lesen? Folge: Ich bestelle die *Frankfurter Rundschau* ab. Warum soll ich mir die *Welt am Sonntag* zulegen, wenn ich in der *Morgenpost* das Gleiche lese? Der Fusionierungswahn hat dann eben auch seine Rückwirkungen. Jetzt lese ich in folgender Reihenfolge:

– *Neues Deutschland,* um es hinter mich zu bringen. Ein immer noch nicht besonders gut gemachtes Blatt mit einem hervorragenden Feuilleton. Dem besten Feuilleton von den Tageszeitungen.
 – Dann Fast Food. Die eigentliche Freude. *B. Z.* Die einzige deutsche Boulevardzeitung mit einem eigenen Kulturteil.

– Dann die *Berliner Zeitung*. Ostberliner bürgerliches Blatt. Schreibt total gegen uns. Da freue ich mich drüber, wie die an den Lesern vorbeischreiben, diese hirnverbrannten Kritiker.

– Dann die *Berliner Morgenpost*. Lese ich sehr gerne. Die glauben noch an sich. *Tagesspiegel* habe ich abbestellt. Unser Westberliner bürgerliches Blatt. Man hat das Gefühl, dass sie aufgegeben haben. Die wissen, dass sie dem Tod geweiht sind. Und so schreiben die auch. Es keimt auch nicht ein bisschen Hoffnung auf. Davon wollte ich mich nicht anstecken lassen.

Dann wird es interessanter. Als Vorletzte die *Süddeutsche Zeitung*. Zum Schluss die *FAZ*. Das halte ich durch. Ich gehe in der Pyjamahose oder im Morgenmantel zum Briefkasten und hole mir die Zeitung, und dann ziehe ich das durch. Es kann dann sein, dass ich am Morgen die Feuilletons lese und am Nachmittag den Sportteil, und der Sportteil der *Süddeutschen Zeitung* ist nach wie vor Weltklasse.

Sie sehen, ich kenne mich aus. Wahrscheinlich wäre ich auch ein sehr guter Journalist geworden. Das Einzige, was man dem verstorbenen Schirrmacher, dem leider verstorbenen Schirrmacher vorwerfen kann, ist, dass jetzt immer die allgemeinen Feuilletonthemen kommen und die Kulturberichterstattung praktisch auf null gefahren wird. Das bedauern wir Theaterleute, wir Musiker, wir Maler, wir Schriftsteller. Wie heißt der von der SPD? Müntefering. Genau, dass der Müntefering eine ganze Seite des Feuilletons kriegt! Also diese sogenannte Lebensleistung dieses großen Journalisten bedauere ich sehr. Ich mochte ihn an sich sehr. Wir waren uns so ein bisschen verbunden. Zwei Anarchotypen. Er natürlich im konservativen Lager. Ich immer noch in der sogenannten Szene.

Am Donnerstag kommt dann noch die *Zeit* dazu, der macht das schon gut, der Di Lorenzo, und am Sonntag kaufe ich mir dann noch den *Spiegel* und den *Focus*. Da kaufe ich mir auch manchmal den *Tagesspiegel*. Am Sonntag. Gelegentlich auch *Freitag* und *Cicero*. Also ich bin der ideale Konsument, aber mit großem Schmerz stelle ich fest, dass sich die Zeitungen im Grunde genommen total nivellieren. Die Meldungen im »Vermischten« sind in allen Blättern gleich. Die drei gleichen Agenturmeldungen. Es fällt also weg, was in der

*Süddeutschen* früher noch den großen Charme des Provinziellen ausgemacht hat. Dass dann aus dem Südbayrischen noch eine Spezialnachricht kam. Das ist alles weg. Die Zeitungen verlieren ihr Gesicht. Und sie verlieren ihre Leser. Zum Beispiel eben den Leser Claus Peymann. Und was mich mit Bernhard verbindet: Er hat ja auch sehr gut geschrieben. Jetzt erzähle ich Ihnen eine Anekdote, die sich vermutlich gar nicht für den Abdruck eignet, wo immer Sie das hier erscheinen lassen wollen. Bernhard war gut befreundet mit einer adeligen Familie, Uexküll, die seit der Emigration in Brüssel geblieben ist, die gibt es auch immer noch, dort hat er auch gerne geschrieben und gelebt, in Brüssel, und dann hat er also am Frühstückstisch, so wurde es mir von ihm, aber auch von den

Uexkülls überliefert, einen Matjeshering oder ein Frühstücksei verschlungen und denen einen relativ langen Leitartikel aus der *FAZ* vorgelesen, der schon so seine Zeit brauchte, vielleicht zehn Minuten, einen sehr gescheiten Leitartikel, ich weiß nicht mehr, von wem der war, und dann haben sie gesagt: Bernhard, können wir das mal nachlesen? Dann hatte er den erfunden!

Das heißt, Bernhard hatte einen ganzen Artikel im Jargon des Leitartikels extemporiert. So glaubwürdig, dass sie sich gar nicht mehr eingekriegt haben. Er hat ja auch als junger Mann Gerichtsreportagen geschrieben, er war, wenn Sie so wollen, vom Fach und hat durch einen Förderer, den späteren Ministerpräsidenten vom Salzkammergut hätte ich beinahe gesagt, heißt aber da anders, durch Kaut, verdienter Sozi und Herausgeber des Blattes, hat er Gerichtsreportagen geschrieben. Und er war auch ein leidenschaftlicher Leserbriefeschreiber. Es gab mal eine Sache um eine Straßenbahn, da hat er gehämmerte Leserbriefe geschrieben. Ich habe ja in der Universität, und das ist nun das Letzte, das ich dazu sagen kann, in Hamburg, eine sehr erfolgreiche Studentenzeitung betrieben, also erst eine Schülerzeitung, dann eine Studentenzeitung, der *Elefant,* fällt mir jetzt gerade ein, ich habe da schon Theaterkritiken geschrieben, später dann für die *Zeit* Riesenartikel. Ich wollte immer schreiben, vermutlich kommt daher meine Faszination für das gedruckte Wort, wollte auch Romane schreiben, Theaterstücke oder eben ein Hemingway des Feuilletons werden. Und habe mich dann aber doch entschieden, auf das Gesabber zu verzichten und selber Hand anzulegen. Jetzt wissen Sie alles.«

Ich kann nun meine erste Frage stellen.

»Sie haben erzählt, wie Sie zu Hause Zeitungen lesen, den Bernhard kann ich mir aber nur im Caféhaus mit einer Zeitung vorstellen.«

»Im Rathauscafé, ja. In Gmunden, da ist er jeden Morgen gewesen und hat seinen Nusskipfel gegessen, und wir haben uns gegenseitig über das Gelesene gestritten. Die Zeitungen lagen auf so einem Holz aufgespannt neben uns. Es gibt ja auch immer wieder in Stücken Situationen, wo Leute aus Zeitungen bestimmte Geschichten rausziehen, diese Neugierde, diese Sucht nach Neuem, das verbindet mich auch mit Reich-Ranicki, der das ja auch hatte. Was gibt es Neues? So ist ja auch das tägliche Blatt: Was gibt es in der Welt? Dieser Wissensdurst.«

»Bernhard hat ja direkt Stoffe für seine Stücke und seine Prosa verarbeitet. Anders als sein Kontrahent Handke, der die Zeitung ja eigentlich abgelehnt hat, wie man in *Nachmittag eines Schriftstellers* nachlesen kann, und immer noch ablehnt.«

»Ja, Handke fragt mich aber auch gerne, was es denn in der Zeitung gibt. Ich bin der Kommunikator für Peter Handke, was haben die denn in der Zeitung geschrieben. Oder ich gratuliere ihm, wenn eine schöne Rezension zu einem seiner Bücher erschienen ist. ›Du, Peter, bist ja schon wieder für den Nobelpreis vorgeschlagen worden.‹ Das freut ihn dann immer. Aber er selber warnt mich dann, wenn ich ihn in Paris besuche, dass ich nicht schon wieder diese verdammte Zeitung bei mir habe, dann denkst du ja schon wieder schief, ja gut, die Zeitungen sind natürlich, wie wir sehen und wissen, ein unkontrollierbarer Machtfaktor geworden.«

»Im *Nachmittag eines Schriftstellers* wird von einem anderen Schriftsteller erzählt, der sich noch am Totenbett die Kritiken der Zeitungen vorlesen lässt. Das wollte er nicht.«

»Er hat sich ja auch über die Kriegshetze der westlichen Zeitungen zum Jugoslawienkrieg aufgeregt und hatte natürlich in fast allem recht, dass da eine miese Propaganda stand, auch internati-

onal bis zur *Herald Tribune* wurde ja eine Kriegshetze betrieben, fußend auf vielen Unwahrheiten und falschen Wahrheiten. Die Zeitungen schreiben über die Giftgasvorräte von Saddam, und es ist nicht da.«
»Das Aufregen gehört ja mit zum Zeitungslesen.«
»Das ist klar. Nun haben wir die sozialen Foren, und das ist steuerlos, ich habe ja auch schon so manchen Shitstorm erlebt. Es interessiert mich nicht. Ich hatte Doppelgänger, die unter meinem Namen geschrieben haben.«

Und so ging das Gespräch weiter. Claus Peymann beklagte das Verschwinden der Theaterkritik aus den Zeitungen und überführte die übrig gebliebenen Kritiker der Unfähigkeit oder der Boshaftigkeit.

Auch auf Thomas Bernhard kam er zurück. Wer mit Bernhard verabredet war, durfte sich nicht verspäten, sagte Peymann. Kam man nur ein paar Minuten zu spät, war Bernhard weg und wurde den ganzen Tag nicht mehr gesehen, kam man aber rechtzeitig, ging es ins *Café Brauner* oder in einen Landgasthof. In den Landgasthöfen, sagte Peymann, war Bernhard der Gutsbesitzer, der er auch war, und zeigte gute Manieren.

Aber Bernhard war ja auch viel auf Reisen und hat die Zeitungen der Welt gelesen. Er sei gereist, um an fremden, gleichsam neutralen Orten zu schreiben, gegen Ende des Lebens oft in Portugal, Jugoslawien sowieso, auch in Polen sei Bernhard gewesen. Wenn er, Peymann, auf Reisen sei, kaufe er in der Stadt, in der er sich aufhalte, auch immer eine Zeitung, selbst wenn er sie nicht lesen könne, wie in Tokyo oder in Russland. Durch die Zeitung atme er den Geist einer Stadt ein.

Eine herausragende Stellung im Zeitungserleben von Bernhard habe die *Neue Zürcher* gehabt, meinte ich. Peymann nickte und schilderte, über die Stelle aus *Wittgensteins Neffe* hinausgehend, die am Anfang dieses kleinen Buches zitiert wurde, wie Bernhard in Gmunden einmal das Lokal verließ, weil es die *NZZ* nicht gab, und ein anderes Lokal aufsuchte, in dem es die *NZZ* gab. Auch er, Peymann, sei ein großer Liebhaber der *NZZ*, die *NZZ* komme seinem Ideal der kosmopolitischen Zeitung am nächsten. Zwar lese er sie im Ausland nicht, aber wenn er in der Schweiz sei, was recht häufig vorkäme, dann lese er sie mit dem allergrößten Gewinn.

Er habe immer Angst gehabt, in das Bernhard'sche Universum eingesogen zu werden, sagte Peymann plötzlich, Angst gehabt, sozusagen zu einer Figur von Bernhard zu werden, so wie Bernhard ihn mit solchen Figuren bekannt gemacht habe, darunter ein Doppelmörder und ein Anwalt. Schließlich erzählte Peymann von einem Mann, der sich erhängt hatte, ein Kleinbürger, der geschminkt und mit kurzem Rock am Strick hing, als wolle er zeigen: So bin ich wirklich, euer P., der Kleinbürger, ist in Wahrheit eine Tunte.

Es ist dies eine Geschichte, wie sie Thomas Bernhard vor Augen gestanden haben wird, als er vom Nutzen der Zeitungslektüre für sein Werk sprach. Wie Peymann auf sie kam, weiß ich nicht mehr, denn an dieser Stelle reißt die Aufnahme unseres Gesprächs ab. In der Eile hatte ich eine alte Kassette meines Sohnes eingepackt, auf der eine Folge des *Räuber Hotzenplotz* überspielt war. Die alte Kassette, auf der ursprünglich der *Räuber Hotzenplotz* zu hören war und dann Claus Peymann spricht, läuft ohne die beiden weiter, ich lausche noch ein wenig ihrem Rauschen.

*Bildnachweis*

Thomas Bernhard liest die Zeitung: Still
aus dem Film von Krista Fleischmann
»Die Ursache bin ich selbst«. Madrid 1986.

alle anderen: Privatarchiv Michael Angele.

Verlag Kiepenheuer & Witsch, FSC® N001512

3. Auflage 2017

Verlag Galiani Berlin
© 2016, Verlag Kiepenheuer & Witsch
GmbH & Co. KG, Köln
Alle Rechte vorbehalten.
Kein Teil des Werkes darf in irgendeiner Form
(durch Fotografie, Mikrofilm oder ein anderes
Verfahren) ohne schriftliche Genehmigung des
Verlages reproduziert oder unter Verwendung
elektronischer Systeme verarbeitet,
vervielfältigt oder verbreitet werden.
*Umschlaggestaltung*
Manja Hellpap und Lisa Neuhalfen, Berlin
*Hauptfoto des Umschlagmotivs*
© GettyImages/Andrew Rich
*Schrift* Karmina von José Scaglione
und Veronika Burian
*Satz* Buch-Werkstatt GmbH, Bad Aibling
*Druck und Bindung* CPI books GmbH, Leck
ISBN 978-3-86971-128-7

»Ohne Menschen gibt es keinen Lärm.
Die Natur kennt nur Geräusche.«

167 S., Euro 16,95 (D)

»Ein elegant geschriebenes Buch, an dem man nicht vorübergehen sollte.« *FAZ*

»Sieglinde Geisel serviert den Lesern frappierende Einsichten über das Phänomen Lärm und unsere Sehnsucht nach Stille.« *Stuttgarter Zeitung*

»Ein Essay, der hellhörig macht.« *Lesart*

www.galiani.de